Reforma e Reformados

Reforma e Reformados

António Manuel Fonseca

2011

REFORMA E REFORMADOS
AUTOR
António Manuel Fonseca
EDITOR
EDIÇÕES ALMEDINA, S.A.
Rua Fernandes Tomás nºs 76, 78, 80
3000-167 Coimbra
Tel.: 239 851 904 · Fax: 239 851 901
www.almedina.net · editora@almedina.net
DESIGN DE CAPA
FBA.
PRÉ-IMPRESSÃO
AASA
IMPRESSÃO E ACABAMENTO
PAPELMUNDE, SMG, LDA.

Maio, 2011
DEPÓSITO LEGAL
328794/11

Apesar do cuidado e rigor colocados na elaboração da presente obra, devem os diplomas legais dela constantes ser sempre objecto de confirmação com as publicações oficiais.
Toda a reprodução desta obra, por fotocópia ou outro qualquer processo, sem prévia autorização escrita do Editor, é ilícita e passível de procedimento judicial contra o infractor.

 GRUPOALMEDINA

BIBLIOTECA NACIONAL DE PORTUGAL – CATALOGAÇÃO NA PUBLICAÇÃO
FONSECA, António Manuel
Reforma e reformados
ISBN 978-972-40-4531-3
CDU 316
     331

Ser major reformado parece-me uma coisa ideal.
É pena não se poder ter sido eternamente apenas major reformado.

(Fernando Pessoa, in *Livro do Desassossego*,
Assírio & Alvim, 2006, p. 218)

PREFÁCIO

Os velhos deviam ser como exploradores.
T. S. Eliot

Lembrei já, em outro sítio, o aforismo de Agostinho da Silva, segundo o qual "... tudo o que se publica tem de afrontar seu destino sem espécie alguma de explicações, guarda ou amparo". O dito do mago arauto do Quinto Império, que por sinal surge na introdução que Agostinho escreveu para um livro de Teixeira de Pascoaes, não foi seguido pelo Doutor António Fonseca, ao pedir-me estas singelas palavras de abertura. Não deu, pois, ouvidos a Agostinho, certamente por a sua amizade, que tanto prezo, ter querido distinguir-me com esta singular honraria, que é a de surgir, assim a modos de quem entra de braço dado, no pórtico desta a todos os títulos notável, útil e bela obra. Aqui fica, pois, exarado o meu agradecimento, pedindo-lhe perdão (bem como aos leitores) por não ter conseguido corresponder à gentileza do convite, oferecendo apenas este descolorido contributo em vez do vivaz ramalhete, rodeado de louros, que a obra merecia.

Não carece esta de explicação, pois a correnti clareza da exposição dispensa qualquer esforço hermenêutico; nem de guarda, que ela vela pela sua própria segurança científica; nem muito menos de amparo, pois a sua robustez de construção e plenitude de significado a eximem de debilidades. Não são pois estas palavras contraditórias da tese de Agostinho da Silva, pois o que almejam é tão somente partilhar com o leitor algumas reflexões que a sua leitura me suscitou, destacando, quiçá, algumas facetas que a modéstia (e o pudor) do autor não lhe permitiu sublinhar.

O tema é de tão relevante significado que surpreende a relativa escassez de estudos portugueses incidindo sobre ele. A sua análise, ao longo de 140 páginas, traduz o conhecimento e a segurança de formação do autor, com originais reflexões quanto à distinção que pode e deve ser feita entre a reforma e o envelhecimento. Na sequência lógica, segue-se a análise da psicologia da reforma e um muito interessante e outra vez original capítulo sobre a "transição para" e a "adaptação" à reforma. Os padrões destes processos (ou de um só, como defende o autor) são em seguida analisados detidamente. O capítulo final, provocatoriamente intitulado "Há vida depois da reforma?", não se limita a tirar conclusões, antes avança com uma série de conselhos e caminhos para uma vida melhor – e por que não o dizer? – mais feliz e mais útil depois da reforma, sem esquecer que também nesta área a atitude profiláctica é a melhor terapêutica, por paradoxal que pareça.

Tudo isto em linguagem clara, acessível, fluida, sem todavia nunca perder o rigor e a exactidão de um trabalho académico. E, sobretudo, o profundo conhecimento e o louvável empenhamento de um cientista que há vários anos dedica a sua inteligência e o seu labor a este tema (se consultarmos a bem arrumada e vasta lista bibliográfica, encontramos oito trabalhos do autor, dos quais quatro como único autor, publicados na última década).

Seja-me permitida uma última e pessoal nota. Sendo eu um "major reformado apenas", como diz Pessoa no dístico que serve de epígrafe a este livro, sou-o não por jamais ter atingido tal posto na minha breve (e involuntária) carreira castrense, mas por ser "major" no sentido etimológico (que o castelhano amavelmente usa, chamando *mayor* aquele que o português cruamente apelida de idoso ou velho). Sou, pois, "major" e "reformado", e deve ter sido essa a razão pela qual o Doutor António Manuel Fonseca me convidou para escrever estas linhas. Pois bem, fi-lo com o enorme proveito que a leitura do texto me concedeu e folguei de ver que alguns dos conceitos e regras para a vida idosa feliz que apresenta, os tenho eu igualmente postulado em meus obscuros escritos. Porque a vida boa aristotélica também se pode viver como "major reformado", se não nos esquecermos de "ser como exploradores", com mapa, bússola, fantasia e coragem.

WALTER OSSWALD

INTRODUÇÃO

O estudo dos acontecimentos implicados no processo de envelhecimento tem vindo a adquirir, neste início de século, uma expressão nunca antes vista, merecendo a atenção simultânea das ciências humanas, sociais, económicas e da saúde.

A pertinência que os temas relativos à idade adulta, à velhice e ao envelhecimento em geral adquiriram nos últimos anos, deve-se, em grande medida, à evolução demográfica do mundo ocidental, tornando urgente conhecer melhor o período coincidente com a segunda metade da vida humana. Mas este interesse não se justifica apenas por razões de ordem demográfica. Como lhe chamei noutro lugar, a *nova ordem social* associada ao envelhecimento suscita a necessidade de se compreender melhor um período da existência que faz parte do ciclo de vida mas cujo estudo foi, durante largos anos, negligenciado, sendo considerado tradicionalmente o período "menos interessante" da vida humana. Também o modo como hoje se envelhece – e a própria visão do envelhecimento – tem vindo a afastar-se cada vez mais dos modelos predominantes no passado, exigindo uma visão original desta etapa da vida e de tudo o que a envolve.

Com efeito, o estudo científico do envelhecimento humano tem contribuído para modificar a visão tradicional deste período do ciclo de vida, baseada em modelos conceptuais que enfatizavam a noção de défice ligada à vivência da condição de idoso e descrevendo as pessoas idosas como "incapazes" ou em risco de se tornarem incapazes. Pelo menos até à década de '90 do século vinte, qualquer visão positiva da velhice era sempre, implícita ou explicitamente, encarada como a ausência de comportamentos negativos ou indesejáveis. Ainda hoje não é raro que uma pessoa idosa que apresente um grau de funcionalidade apreciável seja vista como alguém que *não* tem demências, que *não* está senil, etc. Pelo contrário, a originalidade da associação do conceito de desenvolvimento psicológico ao envelhecimento significa, essencialmente, a possibilidade de as pessoas mais velhas, não obstante a idade cronológica, poderem continuar a apresentar traços positivos de desenvolvimento psicológico, algo visível sobretudo nos indivíduos cujo processo de envelhecimento corresponde a um *envelhecimento bem sucedido*.

Alicerçada nos princípios originalmente definidos por Paul Baltes, a *psicologia do ciclo de vida* tem contribuído decisivamente para a emergência dessa visão original, encarando o envelhecimento como uma etapa plenamente integrada no decurso da vida humana e que dele faz naturalmente parte, tal como qualquer outra etapa inscrita no ciclo de vida do ser humano. Ao preocupar-se com a descrição e explicação dos processos de desenvolvimento humano que se verificam ao longo da existência, onde constantemente ocorrem mudanças e acontecimentos que implicam sucessivas transições e adaptações, a psicologia do ciclo de vida revela-se como uma abordagem apropriada para encarar o envelhecimento como a continuação de um processo de desenvolvimento, influenciado tanto pela dinâmica da evolução bio-psicológica inerente à existência humana, como pela exposição, ao longo dessa mesma existência, a *acontecimentos de vida*[1] significativos.

Este livro ocupa-se de um desses acontecimentos, a *reforma*, quer em termos da *passagem à reforma*, expressão frequentemente utilizada para significar o fim da vida profissional a tempo inteiro, quer em termos da entrada numa nova condição de vida, a de *reformado(a)*.

A reforma constitui hoje um aspecto estrutural do curso da vida humana nas sociedades industrializadas, sendo objecto de investigações muito variadas e centradas principalmente em torno de quatro questões[2]: o processo da reforma, os factores psicossociais associados à reforma, as características dos

---

[1] Um acontecimento de vida consiste num *marco desenvolvimental* que ocorre num determinado momento da vida da pessoa e cuja ocorrência introduz alterações significativas no padrão de vida individual. Os acontecimentos de vida surgem na continuidade do ciclo de vida, isto é, apesar de a reforma, nomeadamente, ocorrer num dia concreto, trata-se de um acontecimento que tem antecedentes, sofre um determinado processo e apresenta resultados e consequências visíveis (por exemplo, passa-se a "ser reformado"), com implicações novas e diversas para a vida quotidiana.

[2] Para uma revisão de estudos realizados nos últimos anos sobre este tema, ver, por exemplo, Bovenberg, Van Soest & Zaidi (2010).

actuais reformados e os aspectos económicos ligados à reforma. Sintetizando as principais ideias habitualmente associadas à noção de "reforma", é possível identificar as seguintes três definições: (i) ausência de emprego "a tempo inteiro"; (ii) rendimento económico proveniente da segurança social e/ou de outras pensões; (iii) identificação pessoal com o papel de "reformado".

De resto, todos os estudos partem da ideia geral de que estamos perante um acontecimento de vida da maior importância, que despoleta um processo de transição e adaptação com repercussões significativas em termos individuais, no âmbito do qual se forja uma adaptação mais ou menos satisfatória. Por tudo isto, considera-se que a reforma é um autêntico momento de viragem na vida de cada um, que vale a pena estudar quer em termos dos factores implicados na passagem à reforma, quer em termos dos factores implicados na adaptação à nova condição de vida enquanto reformado. Uma transição e adaptação bem sucedidas face à reforma – como sucede, de resto, face a qualquer outro acontecimento significativo com que a pessoa se confronte no decurso da sua existência – requer a adopção de respostas adequadas aos desafios que a mudança de estatuto e a nova condição de vida representam. Estas respostas, embora diferenciadas entre pessoas e culturas, supõem sempre a criação de novos padrões de gestão do quotidiano, de ocupação do tempo disponível, de objectivos a alcançar, de envolvimento afectivo, familiar e social.

A passagem à reforma é um acontecimento que envolve mudanças em variadíssimos aspectos da vida e que suscita em cada pessoa a procura da melhor adaptação possível, requerendo um esforço de re-organização dos padrões de vida individuais para, com isso, manter ou mesmo melhorar o respectivo bem-estar físico, psicológico e social. Ao reformar-se, a pessoa abandona a condição de "activa" (socialmente bastante determinada) e necessita de se adaptar à condição de "reformada", por cuja definição será largamente responsável; com efeito, ao invés do que sucede no desempenho profissional, pouco ou nada está previamente definido acerca daquilo que é esperado de quem se reforma ou qual a imagem correspondente a um "bom reformado". Finalmente, estando habitualmente conotada com a velhice, a reforma é indissociável do processo de envelhecimento, levando a que muitas pessoas sintam esse momento como aquele que assinala, efectivamente, o início do envelhecimento.

Mas a importância da reforma não pode ser desligada da importância do trabalho. Na verdade, o trabalho assume hoje em dia um papel central e vital na vida humana. Para muitas pessoas, é mesmo a actividade mais significativa das suas vidas durante a idade adulta, seja porque é daí que lhes vem o dinheiro, seja pelo prazer que o trabalho proporciona, seja por encontrarem no ambiente profissional as principais fontes de convivência social, seja por fazerem da carreira profissional o eixo central da respectiva identidade pessoal, seja por uma mistura de todas estas razões. Com efeito, numa sociedade fortemente marcada por regras económicas e bastante orientada pelo e para o trabalho, a vida profissional assume, simultaneamente, uma condição de exigência social e de estatuto pessoal, determinando em larga medida "quem somos" e "o que significamos" socialmente. Justifica-se, pois, que a reforma seja vista como uma ocasião particularmente sensível ao aparecimento de alterações no funcionamento psicossocial e susceptível de gerar um conjunto de percepções, expectativas e sentimentos com eventuais consequências ao nível da satisfação de vida e do bem-estar psicológico, do relacionamento com os outros, da saúde, dos hábitos da vida quotidiana e até mesmo da personalidade. Qualquer uma destas dimensões pode, aliás, ser tomada como indicativa do maior ou menor sucesso adaptativo individual face a este acontecimento de vida.

Como já o referi, a temática do envelhecimento e do que lhe anda associado, dada a sua actualidade, pede-nos que sejamos originais nos modos de a abordar. Assim, apesar de se tratar de uma realidade que atravessa os domínios psicológico, social e económico, nesta obra a principal atenção será dada à *pessoa que se reforma*. Analisando o acontecimento de vida caracterizado pela passagem à reforma e o processo de transição e adaptação daí decorrente, a compreensão dos mecanismos de transição e das dimensões envolvidas na adaptação a esse acontecimento fará com que a passagem à reforma e a vida de reformado não sejam encaradas, respectivamente, como o "princípio do fim" ou um "estado final", mas como oportunidades de um efectivo desenvolvimento humano.

Por tudo isto, a adaptação à reforma merece ser analisada sob diversos pontos de vista: que factores interferem nessa adaptação, como se manifestam, qual a sua repercussão no modo como as pessoas pensam, sentem e controlam as suas vidas, que impacto exercem no modo como se estabelecem objectivos e como se mobilizam energias e recursos para os alcançar. Mais, em termos da realidade concreta das trajectórias de vida dos reformados, como se traduz este resultado adaptativo? Que imagem de si próprio se desenvolve neste processo? Que novo quadro de relações com o exterior e com os outros se revela? Que identidade resulta deste acontecimento ("passar à reforma") e desta nova condição de vida ("ser reformado")?

Este leque de possibilidades e de questões de análise supõe, na prática, assumir que o estudo da "passagem à reforma" e da condição de "reformado" implica a totalidade da pessoa que experimenta esse acontecimento, algo que nunca poderá ser feito sem a devida integração de aspectos relativos ao processo de envelhecimento, no qual a experiência da reforma se inscreve. De facto, a análise da investigação que a este nível se tem produzido insiste na existência de uma ligação íntima entre "efeitos devidos à reforma" e "efeitos devidos ao envelhecimento", sendo frequentemente difícil distinguir entre o impacto psicológico e social da reforma, e a acção de outros aspectos subjacentes ao momento específico do ciclo de vida em que a reforma acontece. Assim, torna-se inevitável que a condição de "reformado" acompanhe a condição de "idoso" ou, pelo menos, a condição de "indivíduo a envelhecer".

Uma das características da psicologia do ciclo de vida é, justamente, permitir analisar as mudanças individuais através da consideração de uma acção conjunta de influências internas e externas à pessoa, as quais podem ser causa e/ou efeito do próprio processo de desenvolvimento. Quer ao reformar-se da vida profissional, quer enquanto reformada, a pessoa vê-se inevitavelmente confrontada com um espectro diversificado de variáveis que vão condicionar a respectiva adaptação: variáveis ambientais, económicas, sociais, biológicas e psicológicas. Estas variáveis devem ser posicionadas ao longo de um *continuum*, onde num extremo situamos as estruturas socioeconómicas e as variações culturais próprias do contexto em que a pessoa vive e, no outro extremo, as características inerentes ao sistema biológico e à condição psicológica inerentes a cada fase etária. Retomando uma ideia já antes expressa, tal como sucede com qualquer outro acontecimento de vida, a reforma é um acontecimento que comporta ganhos e perdas e cujo resultado final, em termos adaptativos, dependerá da conjugação diferenciada desse leque muito diversificado de factores e variáveis.

Sabendo que tais factores e variáveis não actuam, obviamente, da mesma forma em todas as pessoas, nem da mesma maneira sobre uma pessoa em diferentes momentos da sua vida, é atendendo a tudo isto que o quadro de referência adoptado nesta obra sobre "reforma" e "reformados" inspira-se em perspectivas diversas para delimitar padrões de adaptação susceptíveis de caracterizar diferentes modalidades de experiência desse acontecimento de vida, tendo como pano de fundo uma visão "de ciclo de vida".

1. A Reforma:
Um Acontecimento, Diversas Interpretações

1.1. Reforma e envelhecimento: uma relação incerta
À medida que as pessoas se deslocam ao longo da vida, vão experimentando continuamente processos de mudança, de transição e de adaptação. Estes processos resultam na emergência de novos comportamentos, de novas relações e de novas percepções de si mesmo e da realidade, sugerindo a existência de uma determinada plasticidade no funcionamento e no desenvolvimento humanos, independentemente da idade cronológica. No caso concreto da segunda metade da vida, embora reconhecendo que muitas das mudanças aí verificadas (de ordem biológica, nomeadamente) são marcadas por declínios na força e na frequência de respostas comportamentais, descobrimos também muitos exemplos de progresso, aperfeiçoamento, acumulação e integração de conhecimentos, materializados numa compreensão mais aprofundada de si e dos outros, e num aumento de oportunidades de relacionamento interpessoal.

Isto significa que as pessoas, para além da idade cronológica, apresentam *outras idades*. A *idade sociocultural*, por exemplo, revela-se um índice importantíssimo para se compreender muitos dos papéis sociais que adoptamos, sendo que tomamos decisões (casamos, temos filhos, reformamo-nos) baseados numa determinada concepção de idade "adequada para tal" e que acaba por influenciar o auto-conceito e outros aspectos da personalidade. Aliás, muitos dos estereótipos que temos acerca da velhice derivam de falsos pressupostos sobre a importância desta idade sociocultural, o que leva à utilização de rótulos como o clássico "já é uma pessoa de certa idade" para justificar, por exemplo, porque é que alguém com 50, 60 ou mais anos não será eventualmente capaz de realizar uma actividade, desempenhar uma função, assumir um papel ou até mesmo exprimir um sentimento visto como mais apropriado em "jovens". A este propósito, os resultados mais recentes do Inquérito Social Europeu (European Social Survey) mostram que cerca de 25% dos portugueses com mais de 65 anos dizem já ter sido vítimas de discriminação por causa da idade (acima dos 80 anos, essa percentagem sobe para os 32%), números que andam próximos da média europeia (European Social Survey IV, 2008). Para Lima & Marques (2010), esta desvalorização traduz-se, entre outros aspectos, em comportamentos de exclusão, numa atitude "paternalista" face às pessoas mais velhas ou de desvalorização sistemática das suas competências, tendo uma implicação directa no seu bem-estar na medida em que contribui especialmente para a insatisfação com a vida.

A distinção entre uma *idade psicológica* e uma *idade social* é também contestada por Fernández-Ballesteros (2009), para quem ambas as categorias estão minadas de alguma estereotipia; por exemplo, no que se refere à idade psicológica, um estereótipo muito comum é aquele que distingue o velho do jovem pela rigidez da sua personalidade, enquanto no que se refere à idade social, a velhice estaria regulada com base na idade laboral, considerando que a velhice começa com a reforma. Deste modo, assinala Fernández-Ballesteros, atira-se para a reforma o ónus de ser o princípio da velhice, com tudo o que de negativo isso pode significar para a imagem pessoal do indivíduo que se está a reformar, dada a conotação tradicionalmente pejorativa associada ao envelhecimento.

Apesar disso, a ligação entre reforma e velhice foi a tendência predominante durante longo tempo. Em meados dos anos '70 do século vinte, Neugarten & Datan (1974) sublinhavam que dos acontecimentos habitualmente associados à meia-idade, a passagem à reforma era o limite superior da meia-idade para os homens, momento a partir do qual entrariam na velhice. De notar que esta regra não se aplicaria ao sexo feminino: dada a escassez de mulheres então empregadas a tempo inteiro, era impossível dizer com rigor quando se dava nas mulheres a respectiva transição para a condição de idosas. Havighurst (1975) encarava a passagem à reforma como uma "tarefa desenvolvimental" característica da transição mais geral da vida adulta para a velhice, funcionando de facto como um marco dessa transição. Ao retomar e ampliar o conceito de tarefa desenvolvimental, Oerter (1986) refere-se igualmente à reforma como "acontecimento de vida relevante" que assinalava, para a classe média americana, a entrada na velhice. No *Estudo Longitudinal de Envelhecimento da Universidade de Duke*, Palmore, Cleveland, *et al.* (1985) identificaram junto de uma amostra de norte-americanos com idades compreendidas entre os 40 e os 70 anos, os cinco principais acontecimentos de vida que marcavam a transição para a velhice do "americano médio", surgindo, por ordem de importância, a reforma e a reforma do cônjuge em primeiro e segundo lugares, respectivamente, só depois aparecendo aspectos como os problemas de saúde, a viuvez e a saída dos filhos de casa.

A importância da reforma como tarefa desenvolvimental levou mesmo Savishinsky (1995) a designá-la como um "rito de passagem", mencionando o autor a existência de uma série de rituais de passagem da condição de trabalhador para a condição de reformado. Estes rituais podem assumir quer um carácter formal, assemelhando-se a uma "despedida" cerimonial (a última aula na universidade, uma homenagem, um jantar de confraternização), quer um carácter informal, geralmente delineados pela própria pessoa que se reforma, como realizar uma viagem a um sítio especial ou oferecer a si próprio uma prenda, usando para tal o último salário. Tudo isto são estratégias que mostram, efectivamente, haver um antes e um depois do acontecimento *passagem à reforma*, valorizando tal acontecimento, é certo, mas de algum modo também dramatizando-o.

Ao longo dos últimos vinte anos, a associação entre a reforma e o início do envelhecimento foi-se desvanecendo e tornando-se cada vez mais incerta. Em 1992, Papalia & Olds, embora mencionando a reforma como o acontecimento que tradicionalmente assinala a passagem da meia-idade para a velhice, alertavam já para a necessidade de se rever esta ideia, dada a variabilidade crescente a que se assistia nessa passagem: "Apesar da reforma ser tradicionalmente um marco de entrada na velhice, tal deixou de ser um indiciador fiável. Os 65 anos desde há muito que é considerada a idade da reforma (…) mas hoje muitas pessoas continuam a trabalhar mesmo até aos noventa, enquanto outras reformam-se pelos 55 e podem entretanto iniciar novas carreiras" (Papalia & Olds, 1992, p. 474).

Alguns anos mais tarde, tendo em atenção as alterações sociais e demográficas entretanto em curso, Moen & Wethington (1999) dissociam em absoluto a passagem à reforma da linha de fronteira que marca o fim da meia-idade e a entrada na velhice, aproveitando para reforçar o lado positivo do período pós-reforma. "Duas tendências simultâneas, o aumento da longevidade e o incremento das reformas antecipadas, fazem com que a reforma não possa mais ser definida como o limite superior da meia-idade, colocando homens e mulheres nos seus 50s e 60s perante uma alargada fase pós-reforma de actividade e de vitalidade" (Moen & Wethington, 1999, p. 17). A reforma passa a acontecer também frequentemente em plena meia-idade e, mesmo que suceda aos 65-70 anos, no que habitualmente se designa já por velhice, não tem de ser vista como o princípio de algo que se reveste de uma conotação negativa. A passagem à reforma é agora perspectivada como uma das várias *transições significativas* de que a segunda metade da vida é feita, mas, ao contrário do pensamento comum, já não é circunscrita a uma determinada idade cronológica, sendo antes encarada "como um processo, estendendo-se eventualmente ao longo de vários anos e podendo envolver uma série de transições entre trabalho remunerado e não remunerado" (Moen & Wethington, 1999, p. 11).

Esta mesma linha de raciocínio é seguida por Phillipson (2003), para quem, fruto da evolução que as sociedades sofreram nas últimas décadas, é urgente construir novas orientações de abordagem aos processos de transição inerentes à "entrada no envelhecimento". Tal permitirá compreender melhor como decorrem as *transições depois dos 50 anos*, marcadas, segundo Philipson, por situações de instabilidade ligadas à reestruturação das respectivas carreiras profissionais, ao desemprego ou à reforma. De facto, somos frequentemente confrontados com interpretações "estáticas" acerca daquilo que se passa na vida das pessoas com 50 e mais anos de idade, como se as dinâmicas de funcionamento social não tivessem proporcionado, entretanto, o aparecimento de tendências que põem em causa as formas convencionais de viver esta etapa do ciclo de vida. No que à reforma diz respeito, Phillipson assinala que numerosos caminhos podem hoje ser trilhados para além do simples "abandono da vida profissional e entrada na reforma": há quem vá entrando e saindo antes de tomar uma decisão definitiva, quem se vá envolvendo em cada vez mais actividades sociais e de lazer à medida que o momento da reforma se aproxima (como forma de a preparar), quem faça planos para desenvolver novas actividades profissionais depois de se reformar, quem simplesmente não pense nisso e quem veja na reforma uma oportunidade para trilhar uma nova trajectória de desenvolvimento pessoal.

Estas diferentes posturas reflectem, pois, a impossibilidade de usar a reforma como linha de demarcação entre a idade adulta ou a meia-idade e a velhice. Tal sucede essencialmente por duas razões: o abandono da vida profissional pode dar-se em idades e segundo modalidades muito diversificadas de pessoa para pessoa; a transição do "trabalho" para a "reforma" é hoje muito mais fluida que dantes, articulando-se com formas de abandono da vida profissional carregadas de ambiguidade temporal e social como "horário flexível de trabalho", "pré-reforma", "desemprego de longa duração", etc. Estas novas realidades suscitam mesmo, no âmbito da definição de uma identidade pessoal e social fortemente baseadas na dimensão profissional, a necessidade de uma *reconstrução da meia--idade e da velhice* no quadro de uma "modernização do envelhecimento" (Phillipson, 2003).

Assim sendo, meia-idade, envelhecimento e velhice passam a ser entendidas não como categorias institucionais mas como etapas incorporadas num determinado ciclo de vida individual, podendo no caso específico da meia-idade falar-se num período fluido que começaria nos "mid-30s" e decorreria até à década que vai dos 50 aos 60 anos de idade (Phillipson, 2003). Os portugueses alinham pelo mesmo padrão, considerando que a juventude acaba aos 35 anos e aí começa a meia-idade, prolongando-se até à década dos 60 anos (European Social Survey IV, 2008). Rodeheaver & Datan (1981), todavia, evitaram colocar marcos etários ou situacionais na meia-idade, referindo-se a ela simplesmente como "um período da vida caracterizado pela capacidade e disponibilidade para fazer escolhas na vida pessoal" (p. 183). Para estes autores, "o poder de conduzir e de controlar a sua própria vida são os aspectos desenvolvimentais mais importante na meia-idade" (Rodeheaver & Datan, 1981, p. 154), um período que se faz essencialmente de escolhas por meio das quais o ser humano procura ultrapassar com sucesso a dialéctica entre os sonhos, projectos e objectivos da juventude, e a consciência real da diminuição do tempo útil para os concretizar.

A *modernização do envelhecimento* a que Phillipson se refere comporta, inevitavelmente, uma série de implicações cuja extensão e intensidade vamos apreendendo aos poucos. Sob o ponto de vista da psicologia, a condição de ser idoso, na actualidade, corresponde a padrões diversificados de histórias de vida e de comportamentos cuja compreensão necessita de ser guiada pela procura de sentidos e de significados múltiplos para o acto de envelhecer. O envelhecimento é tanto como uma questão de natureza pessoal e subjectiva ("o que significa envelhecer"), como uma questão de natureza social ("quais as consequências do envelhecimento").

Com efeito, falando-se em geral acerca da velhice e das pessoas idosas, subentende-se frequentemente que o significado exacto da palavra *idoso* – ou *velho* – é explícito para todos, o que de modo nenhum corresponde à verdade. Ainda que genericamente continue a considerar-se a passagem à reforma como a porta de entrada para a velhice, sabemos bem que a idade da reforma é diversa consoante as ocupações, os países, os sistemas sociais, etc. Os 65 anos também há muito que deixaram de ser um indicador rigoroso para sinalizar o início da velhice. É hoje válido considerar-se a existência de múltiplas idades possíveis de transição da idade adulta para a velhice, como o demonstram novamente os resultados do European Social Survey ao darem conta das "diferentes idades" em que as pessoas acham que passam a ser idosas. Os portugueses, por exemplo, consideram que a velhice começa aos 66 anos, mas este limite temporal é variável consoante os países (European Social Survey IV, 2008). Uma ideia comum aos vários países participantes neste estudo, sinalizada por Lima & Marques (2010), é a importância socialmente atribuída à meia-idade (por contraponto à velhice), o que pode querer traduzir um desejo dos europeus em reforçar o estatuto e o prestígio social de uma fase da vida em que se sentem reconhecidos pelo que ainda conseguem fazer e que, por esse motivo, será bom que se entenda por muitos anos...

Em suma, não sendo fácil, ou mesmo possível, assinalar uma idade ou um acontecimento que sejam sinónimos absolutos de entrada na velhice, as mais recentes transformações sociais têm tornado ainda mais difícil a tarefa de concretizar adequadamente quais são os factos e acontecimentos que protagonizam hoje a entrada no envelhecimento. Por outro lado, envelhece-se hoje de forma muito diferente do que se envelhecia há 40 ou 50 anos atrás e mesmo de pessoa para pessoa não há duas formas iguais de envelhecer, assistindo-se à existência de processos de envelhecimento individuais e diferenciados em linha com as trajectórias desenvolvimentais a que cada um esteve sujeito ao longo da sua vida. Em Espanha, Fernandez-Ballesteros (2009) constatou que apesar da maioria das pessoas considerar que a velhice dependia da idade, cerca de um quarto dos respondentes considerava que a velhice tinha a ver com outras condições, como o aspecto físico, a capacidade intelectual, a saúde ou o facto de se encontrar ou não reformado.

Uma consequência desta forma de encarar o processo de envelhecimento prende-se com o que Moen & Wethington (1999, p. 5) designam como o "lado subjectivo" da questão, isto é, "a forma como os indivíduos se vêem a si mesmos e às suas vidas, bem como o papel activo que assumem ao desenharem e re-desenharem as respectivas histórias biográficas". Este aspecto fora já salientado por Davis (1992, p. 2), para quem "as mudanças na meia-idade têm um papel muito significativo nas nossas vidas, dado que a forma como lidamos com elas pode afectar profundamente o modo como viveremos a nossa velhice", sendo caso para dizer que estaremos um passo à frente se soubermos antecipar as respostas aos acontecimentos que nos esperam no futuro, preparando a sua ocorrência mais ou menos provável.

Com efeito, algumas mudanças são tão comuns a partir da meia-idade que podemos conscientemente pensar na forma como vamos lidar com elas. É por isso que faz sentido, por exemplo, pensar na preparação da reforma, analisando as implicações desse acontecimento e prevendo formas de reacção à sua ocorrência: "Uma preparação cuidada da reforma e de tudo o que envolve esta fase da vida, num sentido alargado (objectivos a atingir, estilo de vida a adoptar, preservação da saúde, condições de vida, residência, finanças, ocupação do tempo), confere maior controlo sobre a vida pessoal, alarga as opções disponíveis e torna obsoleta a questão «porque é que eu não pensei nisto antes?»" (Davis, 1992, p. 4). É certo que outros acontecimentos, que não a reforma, são mais difíceis de prever e de lidar com a sua ocorrência, ou tal revela-se mesmo impossível. No entanto, mesmo em tais casos, a maioria dos indivíduos esforça-se por adoptar processos adaptativos que lhes permitam resolver eficazmente as transições típicas da meia-idade, como veremos detalhadamente mais à frente.

1.2. Desligamento ou actividade? Crise ou continuidade?
O envelhecimento e os acontecimentos com ele relacionados, como a reforma, podem ser interpretados à luz de duas perspectivas que remontam aos anos '60 do século vinte e que poderemos hoje, por isso, designar como "clássicas": a teoria do desligamento e a teoria da actividade.

A *teoria do desligamento* baseia-se na ideia de que o envelhecimento é caracterizado por um desencontro inevitável entre a pessoa idosa e os outros, fruto de um decréscimo de interacção no âmbito do sistema social a que se pertence, daí resultando uma maior preocupação com o próprio. Assumindo que, no decurso do envelhecimento, muitas das relações entre a pessoa e os outros membros da comunidade se desvanecem e a qualidade das que restam é alterada (Cumming & Henry, 1961), o desligamento é justificado por razões de ordem social (como a ocorrência da reforma, precisamente), mas também devido ao declínio biológico, traduzido numa dificuldade cada vez maior em manter contactos e desempenhar papéis sociais. No caso concreto da reforma, a pessoa tende a adaptar-se melhor à condição de reformada quanto mais se conformar com o seu novo papel, que corresponde à ruptura com o mundo laboral e a um certo afastamento social, orientando a sua atenção essencialmente para si mesma e para a esfera íntima dos seus interesses.

Apesar de ser predominantemente psicológica, esta teoria teve a virtualidade de explorar a relação entre o indivíduo e os aspectos sociais da idade. Numa perspectiva de integração funcional dos indivíduos nos sistemas sociais, vemos efectivamente que a sociedade encarrega-se, à medida que os seus membros envelhecem, de criar mecanismos de desligamento progressivo. Este processo, na opinião de Kehl & Fernández (2001), traduz-se no "método através do qual a sociedade prepara os seus membros para que a chegada do inevitável não perturbe o funcionamento ordenado dessa mesma sociedade" (p. 145). A reforma funcionaria, assim, como um desses mecanismos facilitadores do afastamento do indivíduo da sociedade e dos papéis até então desempenhados. Férnandez-Ballesteros (2009) acrescenta que esta desvinculação tem como principal finalidade facilitar a substituição geracional e preparar o indivíduo para a morte, enquanto Barenys (1993) propõe uma visão ainda mais individualizada: "o idoso, pouco a pouco e, quem sabe, inadvertidamente, presta cada vez menos atenção e interesse ao cenário social. Em certa medida desliga-se do tecido social, limita a sua participação, auto-marginaliza--se" (p. 21).

É verdade que as estruturas políticas, económicas e sociais têm um impacto na construção e experiência da velhice, logo, também da reforma. O afastamento dos indivíduos do mundo laboral poderá dever-se a uma vontade de natureza política ou a constrangimentos de natureza social, mas outros factores, como o estado de saúde, poderão igualmente condicioná-lo. De forma alguma, porém, a decisão de "desligar-se" do mundo concomitante com a reforma deve ser entendida como uma escolha pessoal ou um comportamento universal. Generalizar a teoria do desligamento como modelo interpretativo da adaptação à reforma não é seguramente desejável e poderá traduzir-se numa atitude de indiferença face aos problemas dos idosos. O desligamento e a ausência de envolvimento social dos indivíduos, ao longo da velhice, não são de modo algum inevitáveis, reflectindo muitas vezes padrões de interacção social adoptados durante toda a vida.

A *teoria da actividade*, no cruzamento da psicologia e da sociologia, envereda por uma perspectiva diferente na explicação do envelhecimento e dos factos com ele relacionados. Segunda a teoria da actividade, o reformado adapta-se melhor à nova condição quando não perde o papel activo associado à condição de trabalhador, pelo que a adaptação será tanto mais facilitada quanto mais se mantiver ligado às actividades que realizava anteriormente ou encontrar outras que as substituam. Um dos principais defensores desta teoria, Havighurst (1963), argumentava que para conseguir um envelhecimento satisfatório é necessário manter na velhice os padrões de actividade e os valores típicos da idade adulta, atingindo-se uma felicidade tanto maior quanto mais se conseguir "negar" o envelhecimento, fazendo perdurar tudo o que caracterizou o tempo de vida anterior à velhice. Para Havighurst, as pessoas que melhor se adaptam ao envelhecimento são as que mais actividades realizam, mantendo ou modificando as suas tarefas e papéis, de acordo com os seus gostos. Aplicando as principais teses desta teoria à reforma, as actividades laborais deverão, pois, ser substituídas por actividades compensatórias; quanto maior e mais diversificado forem, respectivamente, o número e o tipo de novas actividades assumidas pelo idoso, melhor será a sua adaptação à perda das obrigações laborais anteriores.

À semelhança da teoria do desligamento, a teoria da actividade também não gera um consenso fácil. Apesar de haver opiniões, que poderíamos designar como *gerontoptimistas*, que defendem que ao longo do envelhecimento o nível de actividade persiste e pode mesmo acentuar-se, Kehl e Fernández (2001) entendem ser quase utópico e irrealista insistir na ideia segundo a qual os idosos mantêm o mesmo nível de actividade de outrora, ignorando as consequências decorrentes das transformações biológicas e do afastamento do trabalhador idoso do emprego produtivo, sua principal actividade durante a idade adulta e não facilmente substituível por "outras actividades".

Apesar da validade desta objecção, os pressupostos da teoria da actividade permitem, contudo, ultrapassar uma armadilha comum. Estando a felicidade, nas sociedades contemporâneas, muito associada à produção de rendimento, a inexistência de um trabalho produtivo gera facilmente uma visão do idoso como um ser pouco solidário, ocioso ou mesmo inútil, fomentando o sentimento de que as actividades de cariz profissional constituem um imperativo para a definição de uma imagem socialmente válida. Ora, deve ponderar-se que, após a reforma, há muitas actividades de natureza não-profissional (cuidar de netos ou de outros familiares, voluntariado, participação social diversa, etc.) cujo desempenho pode ser igualmente tido como válido e útil sob o ponto de vista social, para além de manter o indivíduo activo, satisfazer os seus gostos e interesses e, por essa via, promover um envelhecimento satisfatório.

As teorias do desenvolvimento psicológico, em particular a *psicologia do ciclo de vida*, contribuíram de modo fundamental para a interpretação que hoje fazemos do processo de envelhecimento e do que nele sucede (Fonseca, 2005). Podemos resumir assim os pontos essenciais deste enfoque: ao longo da vida sucedem-se acontecimentos que implicam transições e adaptações; existe um potencial de plasticidade e de mudança ao longo de toda a vida; os papéis que o indivíduo vai assumindo implicam alterações na sua identidade; existe um balanço entre ganhos e perdas desenvolvimentais; é possível, até certo ponto, compensar as perdas através de intervenções deliberadas nesse sentido; ao longo do ciclo de vida a variabilidade interindividual acentua-se, fazendo com que as pessoas idosas sejam muito diferentes entre si; a variabilidade entre os idosos reflecte-se em três formas de envelhecer: normal, patológica e bem sucedida.

Assim sendo, a psicologia do ciclo de vida encara a passagem à reforma como um acontecimento integrado no contínuo fluir de experiências de que a vida humana é feita. Como Floyd, Haynes *et al.* (1992) preconizam, a aplicação de uma perspectiva de ciclo de vida à reforma exige necessariamente uma visão sincrónica e diacrónica quando se pretende avaliar os efeitos da reforma: avaliação das experiências passadas, sentimentos envolvidos, condição presente e planos para o futuro. A satisfação que se obtém nesta nova etapa da vida acabará, pois, por ser afectada tanto por aspectos de natureza interna (saúde, crenças, objectivos), como por aspectos de natureza externa (estatuto, rede social, recursos disponíveis). De qualquer modo, a reforma é sempre um acontecimento que acarreta ajustamentos e mudanças mais ou menos substanciais na vida individual, cuja reorganização é susceptível de colocar os reformados sob stresse. À frente, analisaremos com mais detalhe as implicações da reforma sobre a vida individual, no quadro de uma interpretação inspirada pela psicologia do ciclo de vida.

Dois modelos explicativos são frequentemente usados para explicar o modo como decorre a transição e a adaptação face à reforma numa perspectiva desenvolvimental: a teoria da crise e a teoria da continuidade. Ambas as teorias são inspiradas, segundo Calasanti (1996), na valorização do desempenho de papéis, focalizando a sua atenção no modo como os indivíduos se adaptam à perda de papéis que acompanha a reforma. Seja qual for a perspectiva adoptada, a aplicação de teorias de desempenho de papéis à reforma está geralmente focalizada nos recursos que facilitam a expansão de papéis, o seu desenvolvimento ou a sua substituição, como sejam o estado civil, a situação financeira, a classe social de pertença, a saúde, o nível educacional (Calasanti, 1996; Palmore, Cleveland, *et al.*, 1985). Cada uma destas variáveis corresponde a um *recurso* que os indivíduos têm à sua disposição e que é susceptível de promover, mais ou menos, a respectiva adaptação à reforma, contribuindo para se atingir um determinado nível de satisfação com a vida de reformado.

A *teoria da crise* atende, essencialmente, à importância que o papel ocupacional e profissional desempenha e que é visto como a principal instância de validação cultural e social do indivíduo, uma espécie de eixo em torno do qual giram as outras dimensões de funcionamento humano. Esta perspectiva encara a passagem à reforma como o abandono de um papel determinante, algo que tenderá a afectar pela negativa o desempenho de outros papéis e a própria identidade pessoal. De facto, se nos concentramos na noção de *papel*, a reforma pode efectivamente ser vista como uma ruptura social, uma perda de identidade funcional, uma autêntica "saída de cena", algo particularmente verdade nas culturas europeia e norte-americana, muito orientadas pelo e para o trabalho (Moen, Kim & Hofmeister, 2001). Atchley (1976, 2000) fala mesmo em "papel sem papel", uma expressão que o próprio reconhece ser contraditória mas que procura traduzir a ideia segundo a qual a reforma corresponderia a uma fase da vida e a um estatuto social a que não estariam atribuídos nem especiais direitos (para além do direito a receber a pensão de reforma devida), nem especiais deveres (para além do dever de tomar conta de si mesmo...). Moragas (2001) vai mais longe, quando realça que a reforma é simultaneamente um direito e uma obrigação, um acontecimento marcado por alguma ambiguidade. Se, por um lado, é verdade que a reforma é um direito acumulado ao longo dos anos de trabalho, por outro lado, obriga a que, numa idade específica, os indivíduos tenham de deixar de trabalhar. Ou seja, como direito social adquirido, a reforma pode constituir-se uma obrigação que contraria o direito individual ao trabalho, incorrendo num certo idadismo na medida em que se considera que a partir "de uma certa idade" as pessoas não podem trabalhar, descriminando-as unicamente em função da idade que apresentam. Para o autor, a passagem à reforma provoca uma mudança global na vida dos indivíduos e assinala a entrada numa nova etapa do ciclo vital, substancialmente diferente da anterior, traduzida em perdas a nível pessoal e social decorrentes de alterações verificadas nas condições e no nível de vida dos indivíduos, bem como nos seus hábitos e rotinas.

Assim encarada, a reforma poderá causar ansiedade e frustração, assumir uma conotação negativa e apresentar implicações psicológicas igualmente negativas, especialmente para aqueles que viveram a sua profissão como o papel central e mais importante das suas vidas. Uma adaptação "com sucesso" será alcançada apenas na medida em que se conseguir substituir as actividades significativas inerentes ao papel de trabalhador, por outras actividades igualmente significativas para o indivíduo, a partir das quais ele constrói um papel de "reformado" (Palmore, Cleveland, *et al.*, 1985). Se o indivíduo não conseguir manter, após a reforma, um papel que lhe garanta um estatuto social idêntico ou pelo menos aproximado ao que possuía, então o mais provável é que a experiência da reforma se torne uma causa de stresse e de mal-estar, sobretudo quando o trabalho ou carreira anteriores eram gratificantes para o próprio e fonte de elevado reconhecimento social.

Em contraste com esta posição, a *teoria da continuidade* defende que a identidade pessoal persiste e evolui independentemente da passagem à reforma, através da expansão de papéis anteriores e do desenvolvimento de novos papéis (Atchley, 1976, 2000). Esta perspectiva sustém que a reforma tornou-se, ela mesma, um papel inerente à sociedade contemporânea, capaz inclusive de proporcionar uma elevada auto-estima; mais, dado que o trabalho não constitui uma orientação central para todos os indivíduos, é de admitir que alguns deles acabem por basear a sua identidade vocacional (uma componente da identidade pessoal) no desempenho de uma série de papéis para além da vida profissional. Nestes casos, a reforma constituirá uma oportunidade para a concretização desses papéis extra-profissionais ou o momento ideal para que outros papéis possam surgir e expandir-se, preenchendo o tempo criado pela cessação da vida profissional.

A teoria da continuidade propõe o contínuo desenvolvimento da pessoa, mesmo quando ela tem que se adaptar a situações potencialmente negativas. Como refere Atchley (1996), o ponto de partida centra-se na alta probabilidade de associação entre o passado e o presente, mediada pelos padrões que podem ser antecipados quanto às formas de pensar, actuar e relacionar-se. O desejo de continuidade serve de base ao processo de adaptação e motiva as pessoas a prepararem-se para as grandes mudanças das suas vidas, como a passagem à reforma. Para Atchley, um papel não corresponde só a funções, corresponde também a relações, e se é verdade que a componente instrumental do papel pode diminuir com a reforma, o reformado continua a estabelecer relações: com outros reformados, com as pessoas com quem vive, com o lugar onde reside, com a sociedade – são é relações *qualitativamente* distintas das que estabelecia e mantinha quando era trabalhador.

Uma experiência satisfatória de reforma depende, pois, da capacidade individual de adaptação a um novo estilo de vida, mas que se pretende e deseja "tão preenchido" como anteriormente, substituindo a actividade profissional por novos planos e objectivos, em alguns casos delineados mesmo antes da reforma acontecer. Trata-se, no fundo, de ajustar os interesses pessoais que a generalidade das pessoas mantêm ao longo das suas vidas, às novas condições impostas pela reforma.

Tendo por base os princípios da teoria da continuidade, desde há muito que Atchley (1976, 1996, 2000) identificou um conjunto de fases através das quais se analisa frequentemente o processo de transição e adaptação face à reforma (fases que, note-se, não são estanques entre si nem têm obrigatoriamente de acontecer por esta ordem ou de se verificar na sua totalidade):

- *fase da pré-reforma*: o indivíduo contempla a inevitabilidade ou a possibilidade de se reformar e começa a separar-se emocionalmente do seu trabalho, fantasiando acerca da sua vida futura como "reformado". Para Atchley, a associação entre "reformado" e "velhice", bem como as conotações pejorativas ligadas a esta etapa da vida, podem tornar esta fase que antecede a reforma particularmente difícil ou até mesmo penosa. Prentis (1992), por sua vez, considera que a necessidade de lidar com as tarefas adaptativas subjacentes à reforma pode suscitar receios quanto ao futuro e gerar alternativas a uma reforma "total e imediata", traduzidas, por exemplo (quando tal é possível), num afastamento progressivo da vida profissional. Para muitas pessoas, a passagem a um regime profissional a tempo parcial, como passo transitório antes da efectiva e completa passagem à reforma, assegura uma desejada ligação mínima ao mundo do trabalho, favorece o equilíbrio emocional e promove uma articulação com outros contextos (família, lazer, interesses extra-profissionais), dos quais o indivíduo andava distante e de que agora se pode aproximar de um modo progressivo, preparando verdadeiramente a sua inserção na condição de reformado;
- *fase da "lua-de-mel"*: o indivíduo abandona a vida profissional, experimenta a condição de reformado e começa a procurar viver as fantasias anteriormente elaboradas, adoptando uma de duas posturas (ocupação/actividade *versus* descanso/tranquilidade), ou então combinando-as; segundo Atchley, é geralmente um período que corresponde a uma elevada satisfação com a vida, uma espécie de "férias prolongadas";
- *fase do desencanto*: fase caracterizada pela diminuição da satisfação experimentada na fase anterior; aqui o indivíduo descobre, por exemplo, que a leitura do jornal diário esgota-se antes das 10 horas da manhã, que não vai aguentar os próximos 20 anos só a ler e a ouvir música, que não tem dinheiro para passar o tempo todo a viajar, ou que passar o dia na companhia do cônjuge pode revelar-se menos gratificante do que uma relação confinada aos finais de dia e aos fins-de-semana; o indivíduo sente-se frequentemente vazio e podem ocorrer estados depressivos;

- *fase da definição de estratégias de coping*: estudos realizados por Atchley demonstraram que a satisfação com a condição de reformado diminui progressivamente ao longo do primeiro ano, fazendo com que ao abandono das fantasias sobre a reforma suceda uma procura realista de soluções para a ocupação do tempo disponível, que tragam consigo motivos de satisfação duradoura;
- *fase da estabilidade*: o indivíduo revela capacidade para pensar e sentir a sua vida de uma forma integrada, elaborando e desenvolvendo objectivos de vida que se constituem como estratégias adaptativas eficazes face à situação em que se encontra; algumas pessoas mantêm-se numa atitude de descanso/tranquilidade, mas a maioria procura estabelecer uma rotina de substituição da vida profissional anterior, a qual pode ser completamente nova ou então ser um reforço de um padrão de vida que já coexistia com o estado anterior, mas que estava "abafado" ou limitado aos tempos livres.

Uma vez atingida a fase da estabilidade, Atchley considera que a maior parte dos indivíduos reformados mostram-se ajustados à nova condição de vida e globalmente satisfeitos com ela, muito embora variáveis como a saúde, os rendimentos económicos disponíveis ou as relações sociais e familiares, sejam factores determinantes para a maior ou menor satisfação alcançada.

Procurando testar o modelo de adaptação à reforma proposto por Atchley, Reitzes & Mutran (2004) desenvolveram um estudo de acompanhamento de trabalhadores mais velhos, desde a pré-refoma até dois anos após o início da reforma. Os seus resultados apoiaram o modelo de adaptação de Atchley, verificando um aumento inicial de atitudes positivas perante a reforma nos primeiros seis meses após a passagem à reforma, seguido de um declínio até aos 12 meses e uma recuperação, para níveis equivalentes aos da pré-reforma, 24 meses depois da reforma ter ocorrido. Se numa primeira fase, o stresse diminuiu e conquistaram-se novas liberdades, numa fase subsequente foi possível adquirir uma noção mais clara dos constrangimentos, limitações e ambivalências do processo, indispensável para se atingir uma nova etapa de equilíbrio, bem-estar e adaptação às oportunidades da nova vida de reformado.

Há pessoas, contudo, que não conseguem alcançar esta fase de estabilidade, acabando por entrar numa de duas situações que Atchley designa como:

- *fase da dependência*: implica passar de um estado de total autonomia (excepto naquelas situações em que a reforma surge por motivo de doença grave ou de manifesta incapacidade) para um estado de necessidade de ajuda, incluindo a gestão do quotidiano;
- *fase do retorno*: o indivíduo cansa-se ou incompatibiliza-se mesmo com a sua condição de vida e move-se para fora do seu papel de reformado, procurando de novo uma ocupação de natureza profissional que lhe preencha o tempo (e a vida...) e lhe assegure a satisfação de necessidades e de motivações que a reforma não consegue satisfazer.

Vale a pena explorar um pouco mais os eventuais motivos subjacentes ao passo a que esta última fase corresponde, até porque em Portugal as estatísticas (INE, 2002) dão conta de um aumento progressivo do número de pessoas já reformadas que acumulam essa condição com a de (novamente) trabalhadores.

A opção de voltar a trabalhar após a reforma, parcialmente ou a tempo inteiro, encontra na sua origem uma variedade de razões: necessidades reais de ordem financeira, o interesse em ver aumentado o rendimento disponível para com isso satisfazer vontades (mudar de casa ou melhorar aquela em que se vive) ou desejos de vária ordem por uma questão de gosto e prazer (viagens, *hobbies*, coleccionismo, arte, etc.), a urgência de continuar a actividade profissional "sem a qual não se consegue viver", a concretização de sonhos sistematicamente adiados e que no fundo corresponderiam à "verdadeira vocação" do indivíduo (montar um negócio, dedicar-se à agricultura, etc.), ou, simplesmente, pelo facto de alguns meses de reformado terem sido suficientes para concluir que não se é capaz de ocupar o tempo de outra forma que não seja "a trabalhar".

A constatação de que as razões para retomar a vida profissional podem ser perfeitamente genuínas e sustentarem mesmo um bem-estar psicológico e uma satisfação com a vida superiores à condição de reformado, questionam a visão de Atchley acerca deste passo, que para ele equivaleria claramente a um insucesso adaptativo. Ao abordar directamente esta questão, Prentis (1992) interroga-se: "Mas será que um *workaholic* pode encontrar algum sentido na reforma? Há mais vida para além do trabalho?" (p. 68). De facto, para aquelas pessoas que durante anos a fio foram "viciadas em trabalho" ou para quem a vida profissional não constituía qualquer sacrifício, antes pelo contrário, passar dias e dias seguidos sem stresse, sem o reconhecimento dos outros, sem horários, sem viagens, sem reuniões e almoços de trabalho, etc., em suma, "sem nada para fazer", introduz a pessoa no mundo do aborrecimento, da insatisfação e da frustração, o que se agrava ainda mais quando a pessoa não vê qualquer perspectiva de que este "estado de vida" possa mudar significativamente nos próximos anos, nem se sente motivada para produzir essa mudança. "A reforma total não é uma solução aceitável para aqueles homens e para aquelas mulheres que falharam em encontrar alternativas para tudo aquilo que a vida profissional lhes proporcionava" (Prentis, 1992, p. 60).

É de admitir, pois, a possibilidade de algumas pessoas rejeitarem absolutamente viver como "reformados" (tendo experimentado já essa condição), dado a devoção total à profissão ter acabado por originar um desinteresse por qualquer outro modo de vida. Um padrão de funcionamento "dependente do trabalho" é muito difícil de alterar e, com frequência, o indivíduo só ganha verdadeira consciência dele quando se confronta ou com o fim abrupto da vida profissional, ou com os primeiros meses de reforma, os quais provocam um autêntico "síndroma de abstinência" capaz de gerar ansiedade e desequilíbrio psicológico. A retoma do envolvimento profissional pode, pois, funcionar como uma estratégia adaptativa para lidar com a situação (à semelhança de outras que não contemplem essa retoma), o que segundo Prentis (1992) pode traduzir-se, na prática, por uma de três vias: (i) recomeçar a trabalhar, na actividade anterior ou noutra diferente; (ii) procurar manter uma actividade profissional em regime de tempo parcial; (iii) ocupar o tempo de forma estruturada com actividades que de algum modo substituam o papel desempenhado pela profissão.

A retoma da vida profissional não é, porém, uma solução com sucesso garantido em termos adaptativos. Para além de aspectos de natureza mais pessoal, como a saúde ou a motivação para voltar a trabalhar numa condição hierárquica provavelmente inferior à que se tinha no momento da reforma, a questão conjugal pode igualmente ser crítica: estando o cônjuge também reformado ou em vias disso, estará ele(a) na disposição de ver o(a) companheiro(a) de novo envolvido(a) profissionalmente, com tudo o que isso significa em termos de limitação de actividades em comum? Por outro lado, não se pense que a maioria das pessoas acaba por desejar o retorno à vida profissional uns meses depois de se reformar; com efeito, tal situação abrange apenas uma minoria de pessoas. Trata-se, no entanto, de um fenómeno que está a aumentar e que revela uma tendência que provavelmente continuará a acentuar-se, quer devido a motivos de natureza económica (quando se constata que a pensão auferida não é suficiente para fazer face às despesas ou para garantir o estilo de vida a que se estava habituado), quer devido ao facto de a atitude de "viver para o trabalho", central durante décadas nas prioridades individuais, fazer com que seja difícil viver o dia-a-dia sem o bulício e as solicitações da vida profissional. Não sendo por razões de ordem económica, a dificuldade ou incapacidade de imaginar e implementar um padrão de vida alternativo à rotina casa-emprego-casa, feito de actividades, compromissos, benefícios, relações e experiências "a propósito da profissão" (e que se valoriza tanto ou mais que o exercício profissional em si mesmo), está seguramente na origem do desajustamento adaptativo que muitas pessoas sentem e vivenciam enquanto reformadas.

Complementando a importância de cada um destes contributos teóricos para o entendimento do processo da transição para a reforma e respectiva adaptação, acrescentaríamos que há sempre um contexto histórico, geográfico, social, cultural e relacional que condiciona tal processo, contribuindo para determinar a forma subjectiva como cada indivíduo percepciona o acontecimento e a experiência em que está implicado. Barenys (1993) adverte que a envolvência molda o comportamento e que há sempre uma construção psicológica, logo pessoal, associada ao envelhecimento e ao que nele sucede. Para que a adaptação à reforma seja bem sucedida, é importante dominar e controlar suficientemente oportunidades e recursos à disposição (não só os materiais, mas também os relativos ao tecido social), tanto mais que com o envelhecimento a competência pessoal tende a declinar e a acentuar a sensibilidade face às mudanças no ambiente.

A generalidade dos estudos tem concluído que a passagem à reforma não é um acontecimento único, isolado, mas um processo que decorre ao longo de uma série de fases e cujo desfecho se situa algures entre dois pólos de uma trajectória adaptativa: num dos pólos vemos reflectido um impacto negativo na identidade e um sentimento de perda de controlo percebido, enquanto no outro pólo encontramos uma tendência predominante de ajustamento à nova condição de vida, por meio da qual se procura *acrescentar* qualquer coisa de novo à existência quotidiana. Segundo Taylor-Carter & Cook (1995), a distintos pontos dessa trajectória há-de corresponder atitudes distintas: incapacidade de separação emocional da anterior profissão; desencanto com a vida actual, na sequência da descoberta que o dia-a-dia está mais pobre desde que se deixou a profissão; desorientação perante a necessidade de definir uma nova rotina para o quotidiano; investimento em novas actividades; procura de soluções de ocupação regular que ofereçam níveis razoáveis de satisfação duradoura.

Em termos gerais, porém, Taylor-Carter & Cook (1995) consideram que a generalidade dos indivíduos vêem a reforma como uma bem-vista mudança de papel, na linha do que sucedera já em anteriores mudanças de papéis (de solteiro a casado, de estudante a trabalhador, etc.), com as quais, aliás, aprenderam a aceitar os ganhos e as perdas inerentes aos acontecimentos de vida que as originaram. No caso específico da reforma, Taylor-Carter & Cook (1995) consideram tratar-se de um período propício ao estabelecimento de relações mais próximas com os outros e à realização de actividades que proporcionem bem-estar, pelo que se trata de um tempo em que o presente (e o futuro) é globalmente encarado com optimismo e entusiasmo. Isto, claro, na medida em que esse presente e esse futuro continuem a trazer desafios e oportunidades materializados em objectivos, que se procuram alcançar ao mesmo tempo que se envelhece pacificamente.

A atitude positiva aqui realçada reflecte bem o facto de a cessação da vida profissional a tempo inteiro não significar que é a vida, no seu conjunto, que cessa, sendo válida independentemente da atitude prévia face à vida profissional. Apesar da incerteza expressa por Schlossberg (2003) quando afirma que a reforma implica *estar a deixar* algo mas não necessariamente *estar a ir para* algo, representando uma mudança que ocorre sem se saber exactamente o que vai acontecer a seguir, ao verem a reforma como uma espécie de "novo começo" as pessoas vão sentir-se encorajadas a procurar novos objectivos para as suas vidas, os quais acabarão por conferir sentido à vida "para além da reforma".

2. O Significado Psicológico da Reforma

2.1. Do trabalho à "hora da reforma"
Falar do significado da reforma na vida psicológica dos indivíduos implica, antes de mais, falar da *importância psicológica* do trabalho. De facto, é atendendo à importância que o trabalho remunerado assume na definição da identidade que a passagem à reforma pode converter-se num momento particularmente sensível para o bem-estar psicológico e social. É desse modo, ainda, que devem considerar-se os desafios colocados aos indivíduos que reformando-se num momento em que as actuais perspectivas de longevidade são bastante optimistas, podem vivenciar este período como uma nova etapa das suas vidas. Por outras palavras, considerando que o trabalho não só organiza a actividade humana como também nos ajuda a formar um determinada imagem pessoal e a definir o nosso lugar no mundo, a sua importância é inquestionável e a sua perda, quer seja voluntária ou involuntária, antecipada ou na idade prevista, parcial ou total, traz sempre associado algum risco de perturbação e mal-estar.

Não obstante a grande variabilidade individual relativamente aos objectivos que as pessoas preenchem com o trabalho, são óbvias as vantagens para o bem-estar individual do exercício profissional. O desenvolvimento regular de uma actividade que seja, simultaneamente, gratificante para o próprio e útil para os outros e para a sociedade, constitui uma das principais formas de ajustamento pessoal e de preservação da saúde mental (Lazarus & Lazarus, 2006). Atendendo a que um dos riscos mais sérios decorrentes do envelhecimento liga-se à perda de uma função útil na vida, o que para muitas pessoas se resume ao exercício de algum tipo de trabalho, pode suceder que a reforma, sobretudo quando involuntária, seja vivida (pelo menos temporariamente) de forma *stressante*, dando origem a uma perda de auto-estima e de sentimento de controlo da própria vida. A questão central diz respeito ao modo como a pessoa lida com a perda de um papel, o que neste caso coincide com a perda de um sentido de utilidade na vida, defendendo Lazarus & Lazarus (2006) que a maneira mais segura para permanecer feliz na idade da reforma é estando activo e envolvido, o que requer um esforço pessoal para se compensar a perda de recursos (materiais, sociais, relacionais) vantajosos ou mesmo indispensáveis para que esse envolvimento se verifique.

Com efeito, para além do rendimento económico, há toda uma série de outras vantagens de cariz mais subjectivo associadas à vida profissional, as quais foram sintetizadas originalmente por Friedman & Havighurst (1954) da seguinte forma: estruturação do uso do tempo, conquista de identidade pessoal e estatuto social, contexto para interacção social, expressão de capacidades pessoais, sentimento de realização pessoal. Para Sonnenberg (1997), são também inequívocos os benefícios psicológicos que resultam quer da actividade profissional, quer da inserção em contextos profissionais: regulação do quotidiano pelo estabelecimento de rotinas, fonte de auto-estima, contributo para a definição da identidade pessoal, integração em redes sociais, sentimento de autonomia e de controlo, participação na vida económica e social do país, consciência de cidadania no sentido pleno do termo. Outros benefícios poderiam ainda ser acrescentados: é através do trabalho que expressamos a nossa inteligência, a nossa criatividade e tantas outras qualidades; é pelo trabalho que nos sentimos reconhecidos e valorizados; é no trabalho que conhecemos e nos relacionamos com pessoas que se tornam significativas; tantas vezes, é sobretudo o trabalho que confere razão e sentido à vida.

É evidente que estes princípios constituem uma generalização; é importante reconhecer a existência de diferenças entre os indivíduos quanto ao significado do trabalho e aceitar, inclusive, que em determinados casos o trabalho e a carreira podem não ser elementos positivos para a respectiva vida psicológica. Em termos gerais, contudo, o trabalho contribui largamente para o desenvolvimento pessoal e para o ajustamento social, valendo a pena destacar os dois seguintes benefícios potenciais que o exercício de uma actividade profissional pode gerar: "o trabalho como um contexto de suporte" (Sonnenberg, 1997, p. 466) – as instituições, os colegas de trabalho e o próprio conteúdo do trabalho podem representar uma fonte de suporte emocional; "o trabalho como um local potenciador de desenvolvimento psicológico" (Sonnenberg, 1997, p. 467) – o contexto profissional e o local de trabalho são frequentemente um espaço gerador de oportunidades de desenvolvimento, quer mediante a aplicação de capacidades pessoais ao desempenho de determinadas funções, quer pela aquisição de novas competências através das múltiplas experiências de interacção pessoal e de desafio cognitivo.

Isto significa, naturalmente, que alterações no contexto de trabalho ou na relação do indivíduo com o mundo do trabalho (acesso, desemprego, reforma) poderão traduzir-se em modificações ao nível do funcionamento psicológico e do bem-estar individual. No caso concreto da reforma, Sonnenberg (1997) assinala que é possível prever o impacto da reforma na vida psicológica de cada um de acordo com o grau de investimento profissional anterior. Assim, quando as profissões anteriormente desempenhadas permitiram aos indivíduos desenvolver *carreiras* (logo, para quem a vida profissional significou mais do que apenas uma ocupação necessária à obtenção de rendimentos económicos), é mais frequente a passagem à reforma originar sentimentos ambivalentes ou mesmo de alguma frustração, do que quando a pessoa fez da profissão unicamente o seu "ganha-pão" quotidiano, reservando muitas vezes para os tempos livres o cumprimento efectivo dos seus interesses vocacionais mais genuínos.

A visão que associa a reforma a um modelo desenvolvimental encontra em Neugarten (1975) uma das suas primeiras expressões. Neugarten vê os acontecimentos de vida, em geral, como marcos desenvolvimentais que devem ser entendidos numa óptica de continuidade entre o que se passou antes e o que se vai passar após a respectiva ocorrência. Nesta medida, apesar do acontecimento "passagem à reforma" poder ser "situado" num dia específico, supõe antecedentes, um decurso e consequências. Deste ponto de vista, trata-se de mais uma tarefa desenvolvimental com que o indivíduo terá de se confrontar, susceptível de modificar as suas percepções, as suas expectativas, os seus objectivos e, por consequência, com reflexos na sua identidade. Olhando em particular para este último aspecto, um acontecimento como a passagem à reforma comporta quer uma situação "crónica" futura (passa-se a estar reformado), quer múltiplas "novidades" e porventura algumas "contrariedades" na vida quotidiana, não sendo possível avaliar o impacto da reforma sem prestar atenção a outras dimensões que lhe estão inevitavelmente ligadas.

Por exemplo, como já vimos, apesar de a associação entre a reforma e o início do envelhecimento não ser hoje tão evidente como no passado, trata-se de uma condição que, tradicionalmente, é conotada com a velhice, logo, com implicações mais vastas do que ser "apenas" a retirada da vida profissional. Segundo Oerter (1986), o facto de o conceito de tarefa desenvolvimental estar sujeito a variações de acordo com as épocas históricas e até com disposições individuais, faz com que a ligação entre a passagem à reforma e a "entrada na velhice" possa levar a que certas pessoas considerem ser ainda muito cedo para se reformarem, querendo com isso afirmar que é ainda muito cedo para serem vistas como idosas ou estando rapidamente a caminho de o serem.

Há razões, por isso, para se analisar o significado psicológico da reforma atendendo, em primeiro lugar, à "hora da reforma". Devido às alterações que se têm verificado sob o ponto de vista demográfico e ao nível da dinâmica de funcionamento do mercado de trabalho, encontramos actualmente situações muito diversificadas quanto ao momento que marca a saída da vida profissional e a entrada na reforma. Assim, poderemos diferenciar os indivíduos que se reformam por volta dos 65 anos, os que se reformam mais cedo (muitos antes dos 60 anos), os que se reformam na medida em que não se encontram fisicamente capazes de trabalhar (independentemente da idade), e ainda os que não se reformam verdadeiramente numa altura exacta, ou porque se vão reformando aos poucos ou porque não desejam, de todo, abandonar a actividade profissional que desempenham. Poderíamos ainda diferenciar todas aquelas pessoas que se reformam por vontade própria das que se reformam porque a isso são forçadas; as pessoas que se reformam naturalmente quando o tempo de actividade profissional atinge o seu termo das que se reformam por saturação ou exaustão física e mental; as pessoas que se reformam de forma gradual das que se reformam de forma abrupta.

Qualquer uma dessas situações comporta, naturalmente, problemas específicos. Comecemos por analisar a "reforma precoce", um fenómeno que pode ocorrer seja por vontade do próprio trabalhador, seja devido a circunstâncias diversas que concorrem para que a passagem à reforma suceda antes do momento previsto. Para alguns, uma "reforma aos 50" é algo assustador, nomeadamente, quando o trabalho constitui uma das principais ou mesmo a principal razão de vida, surgindo inevitavelmente a ideia de reforma associada à ideia de velhice, de perda de sentido para a vida, de inutilidade, de morte próxima. Evidentemente que o impacto será ainda maior quando a reforma surge inesperadamente, colocando a pessoa face a uma situação de todo imprevista, atendendo a que a sua idade atirava a reforma para um futuro ainda longínquo. Para outros, contudo, trata-se de uma excelente oportunidade para fazer da vida algo mais do que alimentar a rotina "casa-trabalho-casa", o que será mais difícil de acontecer quando a pessoa se reforma já numa idade em que a vontade de descansar é maior que a de empreender, em que as doenças começam a surgir e a limitar a mobilidade, ou quando a percepção de finitude da vida já se instalou e inibe a concepção de projectos atendendo aos anos que faltam até à morte.

Aparentemente, dadas as actuais perspectivas de longevidade, a ideia de uma reforma antecipada sem prejuízo económico poderia surgir como uma "benção", permitindo encarar o período da reforma como uma etapa do ciclo de vida onde seria possível a concretização de sonhos e projectos, seja pela adesão a novas actividades (profissionais ou não), seja através de uma maior dedicação a outras que, dada a anterior escassez de tempo disponível, vinham sendo sucessivamente adiadas. No entanto, autores como Prentis (1992) e Szinovacz (1992) são unânimes em considerar que este potencial efeito positivo só se verifica quando é o próprio trabalhador que escolhe o caminho da reforma, sendo menos evidente quando o indivíduo é obrigado a reformar-se, mesmo sem prejuízo do seu bem-estar material. Veremos, mais tarde, que há razões para também se poder falar numa espécie de "cansaço da reforma", sentido especialmente por aquelas pessoas que não tendo conseguido uma adaptação bem sucedida à condição de reformados, apresentam sinais evidentes de saturação com a vida presente.

Olhemos agora para os indivíduos que obtêm a "reforma aos 65" e em que ela é vista, essencialmente, como um normativo de cariz social. Se para uns a passagem à reforma constitui um sinal de reconhecimento de menor capacidade e de menor competência, para outros (oriundos de profissões menos diferenciadas), ela traduz um autêntico alívio e uma fonte de bem-estar acrescido. Isto é assim, sobretudo, quando a atitude face ao trabalho reflecte uma postura em que a profissão é acima de tudo um meio de obtenção de dinheiro, sendo por isso muito forte o desejo de viver o dia-a-dia sem constrangimentos e obrigações de natureza profissional, salvaguardando que os rendimentos económicos disponíveis sejam percepcionados como suficientes para a gestão da vida quotidiana.

Já no caso das pessoas que se reformam mais tarde, há naturalmente diferenças substanciais de atitude face à reforma consoante os motivos do abandono da vida profissional. Assim, não são comparáveis pessoas que se reformam tardiamente por nunca terem conseguido meios económicos bastantes para o fazerem mais cedo de modo voluntário, e pessoas que se reformam tardiamente porque a vida profissional sempre foi mais gratificante do que a perspectiva de acordarem de manhã e "não terem nada para fazer". E há ainda, por fim, pessoas para quem a própria ideia de reforma, independentemente do momento em que aconteça, não faz qualquer sentido. Para um artista, provavelmente, a idade da reforma nunca chega quando permanece o desejo de "fazer a sua arte" da forma mais perfeita possível, quando subsiste o sentimento de que o que se fez até então é ainda insuficiente ou poderá ser continuamente aperfeiçoado.

Também nem todas as formas de se passar à reforma produzem os mesmos resultados. Aproximando-se o momento da reforma, muitos trabalhadores são unânimes em dizer que prefeririam reformar-se gradualmente em vez de passarem directamente de uma condição de trabalhadores a tempo inteiro para uma condição de reformados em absoluto. Há estudos que indicam que mais de metade dos trabalhadores gostaria de se reformar desta forma (Hutchens, 2007). Isto é compreensível sobretudo quando estamos perante trabalhadores com 30 ou mais anos de vida profissional ininterrupta, representando a reforma, aos seus olhos, um corte a diversos níveis (social, relacional, psicológico, económico) com a vida que sempre conheceram.

No mesmo sentido vão os investigadores do Centro de Investigação sobre a Reforma do *Boston College*, quando salientam que uma transição gradual da condição de trabalhador para a condição de reformado é preferível a uma transição abrupta (Calvo, Haverstick & Sass, 2007). Abandonar gradualmente a actividade profissional e ir incorporando o tempo disponível na rotina do quotidiano ajuda a pessoa em transição a preservar a identidade e os objectivos na vida, mantendo-se activa e implicada socialmente. Os autores apresentam uma revisão de estudos que têm demonstrado, sistematicamente, efeitos positivos desta transição gradual na saúde, no bem-estar e na adaptação ao envelhecimento. Assim, uma transição suave permite aos indivíduos continuarem a desenvolver actividades semelhantes às que desenvolveram no decorrer da meia-idade, assegurando um sentido para o quotidiano ao mesmo tempo que se adaptam ao processo de envelhecimento. Uma reforma gradual permite, igualmente, sublinhar oportunidades para se permanecer activo, pessoal e socialmente, algo que tem um impacto positivo muito forte na saúde e no bem-estar das pessoas reformadas (Cohen, 2004; Everard, Lach, et al., 2000; Siegrist, Knesebeck & Pollack, 2004).

O caminho para uma transição bem sucedida da vida activa para a reforma passaria então, como é sugerido por estes autores, pela flexibilização desse processo de transição, diminuindo o impacto do stresse eventual da reforma mediante uma expansão das oportunidades de reforma gradual ou faseada. Claro que os trabalhadores que dizem preferir uma reforma gradual não o fazem baseados na sua experiência (pois ainda não experimentaram a condição de reformados...), mas na percepção que seriam mais felizes se tal se verificasse dessa forma, temendo a ruptura absoluta com um padrão de vida conhecido e o confronto com um novo padrão de vida, por cuja definição vão ser inteiramente responsáveis. É verdade, todavia, que muitas pessoas não estão preparadas para se reformarem, seja em que altura for. Isto fica claro quando constatamos a existência de um elevado número de trabalhadores que gostariam de acomodar a reforma aos seus desejos individuais: um em cada três trabalhadores com idade igual ou superior a 55 anos afirmam que permaneceriam na actividade profissional mais tempo do que o previsto se pudessem reduzir as horas de trabalho (Watson Wyatt, 2004), ao passo que dois em cada três trabalhadores com idade compreendida entre os 50 e os 70 anos dizem mesmo que planeiam trabalhar na reforma (Brown, 2003).

Entretanto, naquelas pessoas que não conseguem desenvolver um padrão de vida alternativo ou, pelo menos, paralelo à vida profissional, a reforma pode muito bem suscitar diversos problemas de cariz psicológico, chegando mesmo alguns deles a adquirir uma expressão clínica, mais ou menos grave (Richardson, 1993). Por exemplo, num estudo sobre bem-estar psicológico, levado a efeito em mulheres portuguesas reformadas residentes na região de Lisboa, Novo (2003) não hesita em afirmar: "A reforma da vida activa, mais ou menos compulsiva, dá lugar a uma progressiva 'reforma psíquica'. Formas de entrega a uma situação de dependência constituem, por vezes, modos de sobrevivência para garantir um espaço protegido e formas de adaptação à realidade" (p. 586).

Muitas vezes, o acontecimento passagem à reforma constitui uma grande surpresa, chega de forma súbita e inesperada (mesmo se previsível), acabando as pessoas por se verem confrontadas com uma situação que introduz alterações sensíveis nos modos de vida e gera sentimentos contraditórios. Se, por um lado, o indivíduo vê a reforma como algo de desejável, pois ganhará liberdade e controlo sobre a própria vida, por outro lado, os receios sobre o que se passará nos anos seguintes vêm à superfície e podem contribuir para que a ansiedade se instale. Para Richardson (1993), estas pessoas serão aquelas que mais poderão beneficiar de um planeamento antecipado da decisão de abandonar a vida profissional – nomeadamente, através da frequência de "programas de preparação para a reforma" –, onde haja ocasião para reflectir de forma aprofundada algumas mudanças que a passagem à reforma e os anos subsequentes provocam.

Dessas mudanças, destacaríamos aqui as seguintes:

- a *questão financeira*: a reforma comporta geralmente uma perda de rendimentos, que se torna progressivamente mais acentuada (na reforma não há promoções e a inflação tende a ganhar avanço a eventuais aumentos...) e que pode ser ainda mais considerável quando a pessoa mantém encargos financeiros elevados, consigo ou com a família, quando os gastos com a saúde tendem a aumentar, ou quando o valor da pensão é baixo, impedindo, por exemplo, a participação em "actividades pagas";
- os *estilos de vida*: muitas pessoas passam de uma situação em que vivem rodeadas por outras pessoas e envolvidas em actividades permanentes, para uma situação de quase isolamento social e em que as solicitações são mínimas ou mesmo inexistentes;
- o *uso do tempo*: os constrangimentos devidos à "falta de tempo" são coisa do passado, substituídos agora pela preocupação em ocupar o (muito) tempo disponível com actividades úteis, significativas e que dêem prazer, algo que nem sempre se consegue;
- a *saúde*: se é verdade que o estilo de vida adoptado durante a idade adulta vai marcar decisivamente os anos seguintes de vida em ter-

mos de uma condição de saúde mais ou menos favorável, é sempre de esperar uma quebra dos níveis de saúde real;
- a *vida conjugal*: a ocorrência de uma reforma desfasada entre os cônjuges e mudanças de papéis no âmbito da vida conjugal podem ser um foco de stresse e comprometer o bem-estar psicológico associado ao período da reforma;
- a *vida familiar*: depois de ultrapassado o período de ninho vazio, os netos começam a preencher progressivamente o espaço deixado vago pelos filhos, emergindo um novo papel, o de avô/avó; entretanto, começam a morrer familiares e as relações com os filhos adultos passam a ser dominadas por um carácter assistencial (que se acentua à medida que a dependência dos mais velhos vai aumentando);
- as *relações sociais*: uma das principais preocupações expressas pelos indivíduos acerca da reforma tem a ver, precisamente, com a possibilidade do abandono da vida profissional corresponder a uma diminuição de relações interpessoais, empobrecendo o dia-a-dia e comprometendo a integração social;
- a *mudança de residência*: apesar de muitos indivíduos viverem com a ideia de, após a reforma, regressarem à terra onde nasceram ou mudarem-se para lugares aprazíveis, a mudança de residência pode cortar redes de relações e acentuar o risco de isolamento social;
- a *própria identidade* (pessoal e social): o estatuto profissional confere uma determinada identidade ("sou professor", por exemplo) e pode ser sinónimo de importância, de poder e de reconhecimento social, algo que tende a desaparecer com a entrada na reforma ("sou ex-professor..."), podendo originar uma sensação de perda de identidade e de alguma indiferenciação social.

Em suma, a passagem à reforma é uma ocasião particularmente sensível e com implicações na estrutura psicológica e no desenvolvimento dos indivíduos, sendo consensual que se trata de uma ocorrência que comporta ganhos e perdas e cujo resultado final em termos adaptativos dependerá muito quer de factores eminentemente individuais (história de vida, saúde, estilo de vida, padrão de ocupação do tempo, etc.), quer da relação do indivíduo com os contextos envolventes (relações de convivência, família, inserção social, etc.), quer ainda da forma como ocorre (forçada ou escolhida, gradual ou abrupta).

2.2. Um acontecimento *stressante*?

É da forma como se lida com as mudanças e com o processo de transição e adaptação inerente que poderemos constatar o aparecimento de alterações no funcionamento dos indivíduos, com inevitáveis consequências ao nível do respectivo bem-estar psicológico.

Para a maioria das pessoas, a passagem à reforma não assinala apenas o fim da actividade profissional, é também o fim de um período longo que marcou a vida, moldou os hábitos, definiu prioridades e condicionou desejos, podendo ser, ao mesmo tempo, um momento de libertação e de renovação (viver com outro ritmo, estabelecer novas metas, investir na formação pessoal, relacionar-se mais com os outros...) ou um momento de sofrimento e perda (de objectivos, de prestígio, de amigos, de capacidade financeira...).

Apesar de ser uma ideia muito difundida, a possibilidade da passagem à reforma comportar alguma margem de turbulência na vida psicológica e ser inevitavelmente uma fonte de stresse, não é, contudo, uma ideia partilhada de forma unânime pela comunidade científica. Já em 1975, Neugarten defendia tratar-se de um acontecimento perfeitamente normal e que a grande maioria das pessoas encarava com optimismo, desde que a entrada na reforma fosse acompanhada por uma adequada segurança económica. Muitos estudos realizados ao longo dos últimos 20 anos na Europa e na América do Norte sinalizam uma opinião semelhante:

- Young (1989), num estudo com cerca de 100 reformados e não-reformados com mais de 55 anos, não encontrou diferenças entre reformados e não-reformados em termos de percepção do *self*, concluindo que a reforma não está associada a quaisquer consequências negativas para a identidade pessoal;
- numa amostra de cerca de 1500 homens, Bossé, Aldwin, *et al.* (1991) constataram que um em cada três sujeitos encarava a reforma como um acontecimento stressante, muito embora a comparação entre reformados e não-reformados indicasse melhor saúde e maior bem-estar entre os primeiros;
- numa amostra heterogénea de cerca de 400 sujeitos avaliados de quatro em quatro anos, Joukamaa, Saarijarvi & Salokangas (1993) verificaram que a retirada da vida profissional não se traduzia num acontecimento stressante mas antes numa mudança positiva;

- efectuando uma síntese de investigações realizadas a este respeito, Cavanaugh (1997) concluía que era escassa a evidência científica capaz de sustentar a visão estereotipada da reforma como algo que conduz inevitavelmente a problemas de ajustamento psicológico e de diminuição de satisfação com a vida, sendo bastante mais os estudos que apontavam, de forma consistente, no sentido oposto;
- estudos mais recentes, de carácter comparativo, realizados com amostras europeias e norte-americanas (Fouquereau, Lapierre, *et al.*, 2002; Fouquereau, Fernandez, Fonseca, *et al.*, 2005), mostraram que situações de stresse associadas à reforma não eram frequentes;
- em Portugal (Fonseca, 2005, 2006, 2007), verificámos igualmente, junto de diversos amostras e em diferentes contextos, que a transição suscitada pela passagem à reforma não se traduzia numa ocasião particular de sofrimento nem era um acontecimento percepcionado como particularmente stressante pelos reformados portugueses.

Uma observação impõe-se, porém, quando se analisam estes resultados: a maior parte dos estudos sobre o impacto psicológico da reforma não tem em conta a diferenciação que convém fazer entre duas situações, a reforma como uma *transição* e a reforma como um *estado*. Para Bossé, Aldwin, *et al.* (1991), os efeitos stressantes da reforma sobre aspectos como a saúde, a relação conjugal ou o bem-estar psicológico, podem ter uma interpretação substancialmente diferente se forem lidos à luz de uma passagem à reforma recente, ou se, pelo contrário, os lermos no quadro de uma situação de vida já devidamente "instalada" na reforma. No caso do impacto sobre a saúde, por exemplo, Bossé, Aldwin, *et al.* (1991) constataram que o stresse experimentado por reformados recentes (desde há um ano) pode, com efeito, induzir estados de saúde percebida e de saúde real efectivamente correlacionados com essa situação de transição, ao passo que o facto de se estar reformado há já algum ou mesmo há bastante tempo acaba, provavelmente, por não constituir uma variável de correlação significativa com a saúde percebida ou com outros indicadores mais objectivos.

Para Szinovacz & Washo (1992), outra das limitações ligada à investigação sobre a reforma resulta do facto desta ser tratada frequentemente como um acontecimento isolado. À excepção da sua ligação a mudanças na saúde e no estatuto económico, a pesquisa sobre a reforma ignora habitualmente as mudanças que ocorrem nas circunstâncias de vida dos indivíduos que se reformam, incluindo aspectos importantes como a mudança de residência, a emancipação dos filhos ou a morte de familiares e pares. Porque é que isto é importante? Por um lado, porque a própria decisão de "passar à reforma" pode ser precipitada por um destes acontecimentos; por exemplo, a necessidade de prestar auxílio a familiares constitui uma importante razão que leva muitas mulheres a decidirem reformar-se. Por outro lado, a acumulação de acontecimentos de vida, em simultâneo com a reforma, pode condicionar o ajustamento a todos esses acontecimentos (incluindo a reforma), ou seja, a forma como se lida com a transição inerente à passagem à reforma pode ser afectada pela presença simultânea de outros factores; por exemplo, viver uma situação de divórcio no momento da reforma pode ter implicações sérias no bem-estar individual e alterar a importância que passam a ter as relações com a família alargada.

Este aspecto, negligenciado pela investigação, fez com que Szinovacz & Washo (1992) tenham sugerido a *hipótese dos efeitos cumulativos*, defendendo ser relevante estudar em que medida a adaptação à reforma pode ser contingente à exposição a outros acontecimentos de vida que ocorram em simultâneo. Neste sentido, os autores efectuaram um estudo junto de 912 reformados norte-americanos, de ambos os sexos, situados num escalão etário entre os 55 e os 75 anos, todos eles reformados no decurso dos cinco anos precedentes. Foram avaliadas quer a exposição diferenciada a acontecimentos de vida antes e depois da reforma, quer o impacto à exposição a acontecimentos de vida coincidentes com a reforma. Os resultados confirmaram a hipótese dos efeitos cumulativos, observando-se que os efeitos dos acontecimentos de vida são mais pronunciados nos reformados recentes, e que os efeitos cumulativos da exposição simultânea a acontecimentos de vida coincidentes com a reforma são mais pronunciados nas mulheres do que nos homens.

Houve, contudo, diferenças assinaláveis entre os géneros: as mulheres experimentam quase sempre mais acontecimentos de vida do que os homens, quer nos anos imediatamente anteriores à reforma, quer nos anos seguintes, mostrando-se mais vulneráveis do que os eles quanto aos efeitos resultantes da exposição simultânea a acontecimentos de vida stressantes, sobretudo os que afectam a família e as redes sociais de apoio.

Não surpreende, pois, que sejam as mulheres que referem a ocorrência de mais do que um acontecimento de vida em simultâneo com a passagem à reforma, aquelas que sinalizam pior adaptação à reforma. Para Szinovacz & Washo (1992), tal ficará a dever-se ao maior envolvimento emocional das mulheres com os que lhe são próximos e ao facto de as mulheres apresentarem uma maior tomada de consciência relativamente ao que sucede nos contextos sociais que as envolvem. A maior vulnerabilidade das mulheres perante acontecimentos de vida stressantes decorrerá, pois, do seu maior envolvimento nesses mesmos acontecimentos, acabando por sofrer mais com as suas consequências. Para além disso, acontecimentos como a doença ou a morte de familiares próximos pode levar à redução da mobilidade, do suporte e da interacção social das mulheres, acentuando eventuais efeitos negativos que, a esse nível, a reforma possa ter suscitado.

Embora sem usar explicitamente a expressão "efeitos cumulativos", Glover (1998) refere-se à adaptação associada ao envelhecimento (que começaria depois dos 60 anos) como algo que requer "a habilidade para ser flexível" (p. 329), o que se torna mais difícil quando o indivíduo tem necessidade de lidar com mais de um acontecimento em simultâneo. Por exemplo, quando a reforma é acompanhada por acontecimentos como a morte do cônjuge ou a mudança de residência, tal vai exigir complexos esforços adaptativos. As pessoas idosas como que se encontram perante transições permanentes e sucessivas ao longo de meses ou anos, o que poderá conduzir à emergência de sentimentos de vulnerabilidade e até, no limite, a estados traumáticos. Por conseguinte, mesmo que tenham vivido vidas relativamente estáveis durante a sua juventude e idade adulta, muitas pessoas encontram dificuldades sérias em lidar com os desafios do envelhecimento.

Nessa medida, Glover (1998) sinaliza diversos focos de stresse na velhice, capazes de gerarem mudanças substanciais no estilo de vida dos indivíduos e de interferirem com o seu bem-estar geral, alguns dos quais tendo por origem ou girando em torno da reforma:

– mudança no padrão de vida idealizado: se é verdade que muitos indivíduos perspectivam a sua reforma baseada num "padrão de vida" idealizado ao longo de muitos anos (viajar, ir viver para o campo, etc.), esses planos são frequentemente alterados ou mesmo abandonados devido à ocorrência de acontecimentos

imprevistos (viuvez, por exemplo), criando dificuldades suplementares de adaptação;
- experiência de perdas sucessivas: desde logo a perda do emprego e, com isso, a perda de contactos sociais e de rendimentos, mas também a eventual perda de saúde, perda de mobilidade, perda de independência, etc., gerando um sentimento negativo de perda de controlo da vida pessoal e criando as condições para uma espécie de "luto permanente";
- mudança nas relações, particularmente com o cônjuge: casais que se reformam em simultâneo constatam, frequentemente, que o aumento da proximidade entre ambos revela-se excessivo e prejudicial para a relação; também, quando um dos cônjuges se reforma antes do outro, esse desencontro pode limitar as possibilidades de viajar, mudar de residência, etc.;
- problemas de auto-conceito: quando "reformar-se" adquire para a pessoa uma representação equivalente a "envelhecer", tal pode provocar estados de frustração ou de difusão da identidade;
- problemas económicos: os quais podem gerar um sentimento de insegurança que acabará por afectar todas as outras dimensões.

Ainda a este respeito, no âmbito do *Estudo de Envelhecimento da Universidade de Duke* (Palmore, Cleveland, *et al.*, 1985), uma análise efectuada ao longo de oito anos acerca dos efeitos produzidos por determinados acontecimentos de vida (tais como a viuvez, a reforma, uma doença grave ou a emancipação dos filhos) sobre o bem-estar individual, permitiu verificar duas situações distintas: quando se analisa cada acontecimento de vida isoladamente dos restantes, tais efeitos, quando negativos, revelam-se de curta duração; já quanto aos efeitos cumulativos, a ocorrência de vários acontecimentos de vida em simultâneo parece efectivamente produzir efeitos negativos no ânimo dos indivíduos, induzindo sobretudo oscilações depressivas.

Perante estes dados, a resposta à questão *a passagem à reforma constitui ou não um acontecimento stressante?*, pode ser respondida de três formas distintas:

- a primeira é que todos os acontecimentos de vida e todas as situações de transição e adaptação inerentes, sucedam elas em que etapa

do ciclo de vida for, são *potencialmente stressantes*, não devendo atribuir-se à ocorrência da reforma qualquer risco acrescido;
- a segunda é que os acontecimentos de vida "típicos" da transição para a velhice e da própria velhice, começam frequentemente a desenhar-se durante a idade adulta, dependendo o seu stresse potencial do modo como se percepciona o fenómeno que está subjacente ao acontecimento (o impacto da reforma terá muito a ver, pois, com a forma como se encara e se vive a profissão);
- a terceira é que, independentemente do carácter mais ou menos stressante dos acontecimentos, adultos e idosos são "agentes activos que procuram de forma intencional conduzir as suas próprias vidas" (Ruth & Coleman, 1996, p. 312), não estando, por isso, condenados a sofrer de forma passiva um eventual impacto negativo dos acontecimentos e das transições.

Ao privilegiarmos esta visão positiva, registamos a capacidade individual para fazer face aos riscos e às oportunidades do quotidiano, baseada nos recursos internos e externos de *coping* que todos os indivíduos possuem para lidar com acontecimentos de vida potencialmente stressantes. Aos recursos de *coping* necessários para lidar de modo eficaz com os desafios adaptativos, associamos igualmente um conjunto de factores mediadores que intervêm sobre a forma como tais recursos agem na prática.

Olhando para os *recursos internos de coping*, o neuroticismo foi apontado por McCrae & Costa (1990) como uma disposição da personalidade que afecta negativamente a percepção do stresse e a forma de lidar com ele, conduzindo a níveis baixos de bem-estar e ao aumento das queixas de natureza física. Pelo contrário, uma disposição optimista e "descontraída" ("easy-going") está relacionada com resultados mais favoráveis sob o ponto de vista adaptativo (Moos & Schaefer, 1986). Outras variáveis internas que também parecem facilitar o processo de *coping* face à reforma serão a coerência, o controlo e a capacidade adaptativa:
- de acordo com a teoria salutogénica (Antonovsky, 1998), um critério fundamental para o ajustamento psicológico passa pela manutenção de um *sentido de coerência* (que compreende a capacidade de lidar com os acontecimentos, a atribuição de sentido e a capacidade de compreensão) perante as experiências e os acontecimentos de vida inerentes ao envelhecimento;

- de acordo com a teoria da acção e do controlo (Brandtstadter, 1999; Brandtstadter & Baltes-Gotz, 1990), sabemos que um *locus de controlo interno* favorece um *coping* mais positivo e que um controlo percebido sobre as situações permite lidar melhor com elas, não havendo indicações que este controlo se reduza com o avanço da idade ou com a exposição a acontecimentos de vida característicos do envelhecimento;
- de acordo com a psicologia desenvolvimental do ciclo de vida (Baltes & Carstensen, 1996; Baltes, Staudinger & Lindenberger, 1999), a *competência adaptativa*, enquanto capacidade do indivíduo para utilizar os seus conhecimentos e a sua experiência na forma como lida com eventuais focos de stresse, torna-se particularmente importante para a resolução de problemas, permitindo-lhe planear a vida e não apenas gerir o quotidiano.

Quanto aos *recursos externos de coping*, os estudos sugerem, sem surpresa, que existe uma ligação entre educação, estatuto socio-económico, redes sociais e estratégias de *coping*. De acordo como Holahan & Moos (1987), os indivíduos mais escolarizados revelam-se mais capazes para usar estratégias de coping focalizadas na resolução dos problemas (e não tanto no seu evitamento), lidando com maior eficácia com as questões inerentes aos acontecimentos de vida. Também aos indivíduos com estatuto socio-económico mais elevado está associado o uso de formas adaptativas de *coping* baseadas em escolhas flexíveis, apresentando menor inclinação para adoptarem soluções rídigas e estandardizadas. Moos & Schaefer (1986), por sua vez, constataram que indivíduos com uma rede social de apoio mais desenvolvida e com mais recursos sociais usam estratégias de *coping* mais ricas. Os homens com maior suporte social, por exemplo, adoptam mais a confrontação e menos a resignação, enquanto as mulheres com uma ou mais relações caracterizadas pelo suporte têm tendência para usar a reestruturação de problemas, ao contrário precisamente das mulheres a quem falta esse suporte, as quais adoptam muito mais frequentemente estratégias de *coping* evitante.

Finalmente, baseando-se em estudos onde é sugerido que aspectos de natureza emocional e motivacional são potencialmente explicativos do uso de determinadas estratégias de *coping*, Ruth & Coleman (1996) consideram que há uma série de *factores mediadores* (como valores, objectivos, motivações e atitudes, ou mesmo a saúde e o bem-estar físico) que intervêm sobre o modo como as estratégias de *coping* agem e que podem modificar-se ao longo do ciclo de vida. Entre esses factores mediadores, registe-se de modo especial o papel do auto-conceito e da personalidade. Partindo do princípio que o auto-conceito compreende motivações, atitudes e valores que são relevantes à definição de si mesmo e ao sentido da própria vida, e que a personalidade é constituída por traços (como o optimismo, a abertura à experiência ou o neuroticismo) que tendem a permanecer estáveis ao longo do tempo, as tendências mais recentes relativas à evolução destas estruturas ao longo da idade adulta e do envelhecimento privilegiam uma visão resiliente e activa do *self* (enquanto produto do auto-conceito e da personalidade). Deste modo, o *self* surge (também no decurso do envelhecimento) como detentor de processos interpretativos acerca do próprio e do mundo, capaz de ter uma visão realista das capacidades e de fazer um ajustamento das realizações a essas mesmas capacidades.

2.3. "Vida de reformado" e personalidade

A análise da interacção entre a pessoa e o ambiente (físico e social) que a rodeia é muito importante no modo como a psicologia do ciclo de vida encara o processo de envelhecimento e os respectivos mecanismos de adaptação. De facto, os distintos níveis de estruturação dessa interacção podem dizer-nos muito acerca da capacidade adaptativa e do maior ou menor bem-estar psicológico daí resultante. Como já vimos, a entrada na reforma constitui um acontecimento susceptível de alterar significativamente o bem-estar individual, obrigando a uma reorganização das relações pessoa-ambiente com efeitos óbvios em termos adaptativos.

Desde logo, os factores do ambiente sociocultural influenciam a vida dos indivíduos através da forma como as instituições e as estruturas sociais os afectam, positiva ou negativamente. VandenBos (1998) detalha as influências exercidas sobre o padrão de vida dos indivíduos adultos e idosos mediante a consideração de quatro estruturas sociais determinantes: a família, o trabalho, o estado e a religião. No caso concreto do trabalho, o autor assume que o papel do trabalho na vida dos indivíduos adultos adquire uma importância muito grande, pelo que a passagem à reforma é necessariamente um acontecimento que se torna da máxima relevância para aquelas pessoas que encaram o trabalho produtivo como um autêntico "modo de ser". Nestes casos, a pessoa vê-se perante a necessidade de mobilizar toda a sua capacidade adaptativa, não apenas para fazer face a desafios de natureza material ou contextual (como ocupar o tempo, onde ir durante o dia, etc.), mas igualmente no sentido de proceder à re-definição da sua identidade social e do sentido de utilidade da sua vida.

Ao confrontarem-se com as perdas de estatuto e de objectivos que frequentemente sucedem associadas à reforma, as pessoas ora demonstram uma incapacidade para responderem de forma positiva a essa alteração, ora se comprometem com novas modalidades de vida pessoal e social, ultrapassando ou prevenindo os efeitos negativos que a condição de reformado poderá implicar. O impacto da reforma deverá ser sempre interpretado de uma forma subjectiva, atendendo ao significado que *cada pessoa em concreto* lhe atribui e que acabará por afectar a respectiva adaptação. Lazarus & DeLongis (1983) atribuem esta subjectividade de apreciação e de resposta a duas variáveis da personalidade: os "padrões de envolvimento" e as "crenças acerca de si e do mundo".

Quanto à primeira variável, a falta de envolvimento com a vida será, provavelmente, a maior dificuldade que as pessoas reformadas necessitam de enfrentar sob o ponto de vista adaptativo e, ao mesmo tempo, o aspecto que deverá merecer maior atenção sob o ponto de vista da intervenção. Com efeito, muitos reformados que sabem e reconhecem ter necessidade de se comprometer em actividades de ordem diversa não encontram motivação para o fazer, acabando por viver uma situação existencial de grande ambivalência ("eu sei que deveria mas não consigo...") que, não raro, conduz a estados de desânimo ou mesmo de depressão. Já quanto à segunda variável, se a reforma não exercer um impacto significativo nas concepções pessoais sobre a vida ou sobre as relações com os outros, pouca influência será de esperar de tal acontecimento na adaptação ao processo de envelhecimento. Sob este ponto de vista, o impacto da reforma vai então diferir, substancialmente, de pessoa para pessoa, pelo que duas pessoas podem encarar, viver e atravessar de forma completamente diferente a transição materializada na passagem à reforma.

Para Felner, Farber & Primavera (1983), há um conjunto de tarefas implícitas em qualquer situação de transição, que são relevantes para o sucesso adaptativo e que impõem uma alteração nos padrões de comportamento individual e de interacção com os outros. Trata-se tanto de tarefas rotineiras como de tarefas de alcance substancial, que supõem a reorganização do dia-a-dia, o desenvolvimento de novas competências e a restruturação de padrões de interacção. Desse conjunto de tarefas, que abrangem as relações interpessoais, o ambiente familiar e a vida social, destacaríamos três: (re)definição de papéis sociais; suporte social; objectivos, projectos e aspirações.

Como vimos já anteriormente, a (re)definição de papéis conta-se como um dos elementos centrais para se avaliar o sucesso da adaptação na sequência de uma transição como a passagem à reforma. Quanto ao suporte social, sabemos que durante uma transição os sistemas de suporte social não permanecem estáticos, pelo que lidar adequadamente com as tarefas adaptativas colocadas pela transição passa pelo envolvimento activo do indivíduo na modelagem das mudanças que ocorrem nesses mesmos sistemas de suporte, tendo em vista manter ou alcançar níveis elevados de relação social e interacções satisfatórias com membros da rede social envolvente. É interessante notar que o suporte social tanto é reflexo da adaptação à transição como mediador dessa mesma adaptação, aparecendo intimamente ligado a uma série de capacidades individuais decorrentes da personalidade. Finalmente, vários estudos têm confirmado, de modo consistente, a importância dos objectivos ao longo do ciclo de vida e, em especial, a partir da meia-idade, associando-os quer à satisfação com a vida e ao bem-estar psicológico, quer a percepções de auto-eficácia e de controlo pessoal.

A procura de objectivos e, através deles, de sentido para a vida, como estratégia de controlo pessoal sobre o desenvolvimento, de continuidade e de preservação da identidade, realça bem o significado que as teorias da acção e do controlo atribuem à adaptação psicológica como o conjunto de actividades, intencionais e planificadas, a partir das quais a pessoa fixa objectivos que lhe permitam assegurar um balanço favorável entre ganhos e perdas desenvolvimentais. A capacidade para estabelecer e manter objectivos apropriados a cada etapa do ciclo de vida é uma condição crucial para o desenvolvimento; à medida que se envelhece, possuir objectivos de vida ligados quer a finalidades concretas que se deseja alcançar, quer a funções psicológicas que se deseja preservar, constitui uma componente fundamental para o ajustamento psicológico (Fonseca, 2005).

Para demonstrar a pertinência do estabelecimento de objectivos e da sua prossecução enquanto garantia de um ajustamento eficaz, Payne, Robbins & Dougherty (1991) realizaram um estudo junto de uma amostra de 157 norte-americanos com uma média etária de cerca de 60 anos, homens e mulheres, a maioria casados e com estudos de nível secundário, reformados da indústria há menos de três anos. Tratou-se, pois, de uma amostra de "jovens idosos" com boa saúde, funcionamento psicológico relativamente alto e condição financeira estável, não envolvidos naquele momento em qualquer acontecimento de vida especialmente problemático. Utilizando medidas de auto-avaliação, os participantes do estudo foram discriminados em "pessoas muito dirigidas para objectivos" e "pessoas pouco dirigidas para objectivos", tendo essa avaliação sido posteriormente cruzada com dados relativos à sua adaptação (tais como satisfação com a vida, suporte social, participação cívica, saúde e outros): "a nossa hipótese era que os indivíduos muito dirigidos para objectivos teriam maior poder, iniciativa e domínio sobre as respectivas vidas do que os indivíduos pouco dirigidos para objectivos. Para além disso, era esperado que as pessoas muito dirigidas para objectivos manifestassem uma atitude mais positiva relativamente à reforma" (Payne, Robbins & Dougherty, 1991, p. 303).

Os resultados acabaram por confirmar a hipótese, ou seja, os reformados "muito dirigidos para objectivos" eram mais optimistas, perseverantes e lutadores do que os reformados "pouco dirigidos para objectivos", os quais, por contraste, eram mais reservados, hesitantes e inibidos. Para além disso, enquanto os reformados "muito dirigidos para objectivos" eram mais atentos aos outros e preocupados com a vida social, os reformados "pouco dirigidos para objectivos" viviam mais centrados em si mesmos. Isto significa que as qualidades e características atribuídas aos reformados "muito dirigidos para objectivos" são consistentes com a noção de um desenvolvimento saudável após a reforma, e favorece, ao mesmo tempo, um sentido de preservação do "eu" fundamental para o decurso do desenvolvimento psicológico. Por outro lado, as características atribuídas aos reformados "pouco dirigidos para objectivos" (evitantes, cépticos, insatisfeitos e sempre em busca de suporte emocional), correspondem, segundo Payne, Robbins & Dougherty (1991), a um tipo de personalidade narcísica, potencialmente depressiva, incapaz de assumir objectivos e concretizá-los, gerando um "eu deficitário" e pouco preparado para lidar com as circunstâncias da vida após a reforma e, em geral, durante a velhice.

Ao defendermos que a regulação da identidade pessoal na velhice ocorre sobretudo por meio da formulação de objectivos, projectos e aspirações individuais, estamos a considerar a existência de uma série de respostas adaptativas resultantes da interacção entre a pessoa e o ambiente. Estas respostas concretizam-se num processo multidimensional constituído por variáveis de natureza individual e social, susceptível de originar várias expressões de uma mesma identidade ("possible selves") (Cross & Markus, 1991; Ryff, 1991). Numa perspectiva desenvolvimental, os mecanismos implicados na selecção, construção e desdobramento da identidade em vários *selves* instrumentais, podem ser vistos como uma aplicação concreta do modo como os indivíduos adultos e idosos são, de facto, agentes activos do seu desenvolvimento.

Para Cross & Markus (1991), os objectivos pessoais que estão na base da criação de *eus possíveis* ("possible selves") na meia-idade e na velhice prendem-se, entre outros, com a valorização de aspectos como a reforma e a família (sobretudo na meia-idade), a saúde e as actividades de lazer (sobretudo na velhice). Para além disso, Ryff (1991) salienta que há aspectos do *self* que permanecem estáveis, ou enriquecem-se até, com a passagem do tempo e com a liberdade que o indivíduo adquire à medida que assume papéis sociais progressivamente mais complexos. Também para Cross & Markus (1991), à medida que se envelhece, o conhecimento de si próprio torna-se mais rico resultante do aumento da aceitação de si mesmo, o que faz diminuir a distância entre o *self* ideal e o *self* actual.

Qual é o papel destes *eus possíveis* no desenvolvimento psicológico de adultos e idosos, e como contribuem eles para um envelhecimento bem sucedido? Cross & Markus (1991) propõem que estes "*eus*" podem ser vistos como recursos psicológicos que desempenham duas funções cruciais para se compreender a continuidade e a mudança ao longo da vida: "Primeiro, os *eus possíveis* são fontes de motivação: funcionam como incentivos para o comportamento futuro. Segundo, ao proporcionarem um contexto interpretativo para a visão *actual* do *self*, os *eus possíveis* são instrumentais na afirmação e na defesa do *novo self*" (p. 231).

Deste ponto de vista, os *eus possíveis* funcionariam como "guiões" para a mudança pessoal ao longo do ciclo de vida, facilitando a adaptação a novos papéis, por exemplo, decorrentes da condição de reformado.

Assim, o professor que se vê a si próprio como um "cozinheiro de fim-de-semana" bem sucedido pode, após a reforma, tirar um curso de culinária ou até mesmo investir na abertura de um restaurante. A consideração de vários *eus possíveis* proporciona quer uma estrutura para o indivíduo organizar e integrar informação relevante acerca daquilo que pode ou deseja ser (não necessariamente agora, mas mais tarde), quer um mecanismo de ajustamento a diferentes circunstâncias de vida, permitindo que um novo *self* tome o lugar de um *self* anterior.

Já Ryff (1991) associa o conceito de *eus possíveis* às diferentes percepções que as pessoas fazem de si mesmas de acordo com a sua idade, designadamente, no que respeita à relação existente entre comportamento e crenças subjectivas acerca do envelhecimento. Procurando explorar, numa perspectiva transversal, a comparação que as pessoas efectuam entre o "*self* actual" e o "*self* ideal" ao longo da idade adulta e da velhice, Ryff (1991) estudou 308 adultos (jovens, adultos na meia-idade e idosos) relativamente a seis dimensões de bem-estar psicológico. Os resultados evidenciaram, efectivamente, diferenças de acordo com a idade: os jovens, os adultos na meia-idade e os idosos têm diferentes visões de si próprios, sucedendo uma progressiva diminuição do peso do "*self* ideal" à medida que se envelhece. Os resultados deste estudo sugerem, ainda, que a capacidade para manter um funcionamento psicológico com sinal positivo na velhice é uma tarefa complexa, atribuindo as pessoas idosas uma ênfase muito particular à capacidade de aceitação do *self* como característica básica de uma pessoa "madura", adaptada e bem ajustada.

Apesar destas conceptualizações terem surgido no início dos anos '90 do século vinte, a noção de que a identidade pessoal envolve mais do que apenas um *self*, sendo um sistema de *eus possíveis* com funções eminentemente instrumentais e adaptativas, fora já anteriormente apropriada pela psicologia do ciclo de vida. Com efeito, em meados dos anos '70 do século vinte, Neugarten fazia notar que os psicólogos poderiam ganhar muito prestando atenção ao que a pessoa selecciona "como importante no seu passado e no seu presente, o que espera fazer no futuro, o que imagina que vai acontecer, que estratégias elege para fazer acontecer o que pretende, que significados atribui ao tempo, à vida e à morte" (Neugarten, 1977, p. 639-640). Ou seja, com o avanço da idade, os domínios de definição de si próprio tendem a diminuir, o que poderá ser equivalente a uma progressiva especialização de *eus possíveis*.

Finalmente, não é possível encerrar esta discussão sem evidenciar aquilo que Brandtstadter & Rothermund (2002) salientaram em termos da "procura de objectivos" e do "ajustamento aos objectivos", enquanto processo duplo que explica quais são as condições que promovem formas desejáveis de desenvolvimento psicológico durante o envelhecimento e que fazem com que as pessoas alcancem uma "vida boa". Para Brandtstadter & Rothermund (2002), a resiliência ao longo do ciclo de vida deve ser interpretada encarando a vida como um misto de acções intencionais com resultados favoráveis e de acontecimentos inesperados com resultados desfavoráveis. Numa lógica de ganhos e perdas desenvolvimentais, a optimização do desenvolvimento e o envelhecimento bem sucedido não podem ser encarados apenas em termos de procura de ganhos e evitamento de perdas, sendo necessário "considerar as formas mediante as quais as pessoas enfrentam e solucionam as divergências entre os resultados desenvolvimentais desejáveis e as trajectórias reais das suas vidas" (Brandtstadter & Rothermund, 2002, p. 118). Ou seja, em qualquer ponto do ciclo de vida – e talvez mais ainda na velhice –, a adaptação e aquilo que dela resulta (bem-estar psicológico, auto-eficácia, etc.) não dependem apenas do controlo que a pessoa exerce sobre a sua vida e sobre o seu desenvolvimento, mas também da sua capacidade para aceitar o que é inalterável e para se ajustar às circunstâncias que já não terá oportunidade de alterar.

2.4. A procura de satisfação e de bem-estar psicológico

A satisfação e o bem-estar psicológico na velhice não são uma questão de "sim ou não", tal como uma visão dicotómica actividade *versus* inactividade, envolvimento *versus* desligamento, ou continuidade *versus* descontinuidade, não tem sido suportada pela investigação realizada a este propósito.

Os numerosos estudos realizados – para revisão, ver Diener (2000) e Meléndez, Tomás, Oliver & Navarro (2009) – para esclarecer o impacto do envelhecimento e dos acontecimentos a ele associados, ao nível da satisfação com a vida e do bem-estar psicológico, têm conduzido efectivamente a resultados muito diversos. Alguns estudos mostram que o envelhecimento não tem impacto significativo na satisfação com a vida (Subasi & Hayran, 2005; Gwozdz & Sousa-Poza, 2010), enquanto outros evidenciam um impacto negativo, especialmente quando o envelhecimento está associado a saúde deficitária (Baltes & Smith, 2003), depressão (Paúl & Ribeiro, 2009) e baixos rendimentos (Veenhoven, 2000). Outros, pelo contrário, salientam um impacto positivo: Van Landeghem (2009) identificou aumento de bem-estar psicológico em indivíduos após a meia-idade, enquanto Gall, Evans & Howard (1997) sustentam que os idosos são, por norma, saudáveis e ajustados, relatando muitos deles níveis elevados de bem-estar.

Mesmo que os acontecimentos de vida associados ao envelhecimento sejam previsíveis, a experiência individual faz com que os mesmos sejam avaliados distintamente. Assim sendo, o que dificulta e o que promove a satisfação de vida na velhice? Quanto à primeira parte da questão, Atchley (1992) devolve outra interrogação: "Haverá alguma coisa no envelhecimento capaz de ameaçar, de forma universal, a satisfação com a vida?" (p. 339), para logo em seguida responder negativamente: "Não há evidências que qualquer uma das mudanças associadas ao envelhecimento normal tenha um efeito negativo uniforme na satisfação com a vida" (Atchley, 1992, p. 339). Já Lawton (1983) não é tão incisivo a este propósito, sugerindo que uma incapacidade séria, física ou mental, pode ser um foco de ameaça à satisfação com a vida em qualquer idade e, em particular, na velhice, dado serem em regra menores os recursos pessoais e sociais que a pessoa tem ao seu alcance para lidar com tal(is) incapacidade(s). Outros factores, como o declínio da saúde, a perda de papéis sociais ou o desaparecimento de pessoas significativas, comuns à medida que o envelhecimento avança, podem exercer um efeito substancial no bem-estar individual, reduzindo-o progressivamente.

Concretamente no que diz respeito à reforma, a forma como se encara esse processo de transição e adaptação é determinante para garantir a satisfação de vida não apenas no período imediatamente após a passagem à reforma, mas também no decurso do envelhecimento. A avaliação da satisfação com a vida e do bem-estar psicológico subjacentes à reforma revela-se, pois, uma das vertentes mais importantes da investigação neste domínio, quer no sentido da prevenção de situações de desajustamento, quer no sentido da melhoria do bem-estar dos indivíduos reformados.

Os muitos estudos levados a cabo para explicar o impacto da reforma sobre a satisfação e o bem-estar dos reformados revelaram resultados contraditórios: enquanto alguns demonstraram que a reforma não tem uma influência significativa na satisfação com a vida (Stull, 1988), outros estudos sublinharam efeitos negativos, associando a reforma a depressão e baixa satisfação com a vida (de Grâce, Joshi, Pelletier & Beaupré, 1994). Um outro grupo de estudos, finalmente, aponta no sentido dos reformados experimentarem bem-estar e felicidade na reforma (Gall, Evans & Howard, 1997). Segundo estes estudos, após a meia-idade a satisfação com a vida pode aumentar de forma sustentada, e acontecimentos de vida como a reforma parecem não causar diminuição (pelo contrário) na satisfação e no bem-estar psicológico. As pessoas que apresentaram um nível satisfatório ou elevado de satisfação e bem-estar durante a vida adulta mantêm-no à medida que envelhecem, mesmo quando têm de se confrontar com acontecimentos susceptíveis de causar dano ao bem-estar individual, como a reforma.

Efectuando um balanço entre os factores que favorecem e que desfavorecem a satisfação com a vida e o bem-estar psicológico na reforma, poderemos avançar com uma súmula de aspectos que habitualmente interferem na satisfação e no bem-estar dos reformados:

- *aspectos socio-demográficos* (como género, idade, estado civil e profissão anterior): num estudo realizado junto de 244 homens e 214 mulheres, todos reformados, com idades compreendidas entre os 50 e os 72 anos, Quick & Moen (1998) investigaram que factores contribuíam para a qualidade da sua experiência de vida como reformados; enquanto as mulheres valorizavam aspectos como a saúde e a segurança financeira, para os homens os aspectos mais correlacionados com a satisfação após a reforma estavam ligados à saúde e a motivações de ordem interna (poderem fazer outras coisas);
- *relações sociais*: os reformados casados são, em geral, mais felizes do que os reformados não casados, tendência que se acentua quando, por ocasião da reforma, se verificam acontecimentos como o divórcio ou a morte do cônjuge (Bierman, Fazio & Milkie, 2006; Demo & Acock, 1996; Pinquart, 2003);
- *saúde*: uma boa saúde surge positivamente associada ao bem-estar dos reformados (Fonseca & Paúl, 2003);

- *aspectos económicos*: existe uma relação positiva entre riqueza e felicidade na reforma, mas a relação negativa só se verifica quando a pobreza é extrema (Arendt, 2005; Diener & Seligman, 2004);
- *sentido de controlo sobre a vida*: de um modo geral, os indivíduos que se reformam voluntariamente mostram-se mais felizes do que aqueles que são forçados a reformarem-se (Fouquereau, Fernandez & Mullet, 1999; Szinovacz & Davey, 2005). O carácter voluntário ou involuntário da reforma não pode, contudo, ser desligado das razões subjacentes à tomada de decisão de passagem à reforma e do planeamento e preparação da pós-reforma, nomeadamente, nas situações de "reforma precoce"; Ceresia (2006) dá-nos conta que os reformados precoces vêem a respectiva satisfação de vida condicionada precisamente pela decisão de se reformarem precocemente, sobretudo quando essa decisão não vem acompanhada pela vinculação a novos papéis (de cariz profissional ou outro) e pelo estabelecimento de relações sociais significativas. Também nem sempre é clara a influência da vida profisional prévia; se, por um lado, uma carreira satisfatória parece indicar maior satisfação após a reforma, também não é menos verdade que para aquelas pessoas para quem o trabalho era coincidente com a sua própria vida, a dificuldade em "queimar" as horas e os minutos que agoram sobram pode conduzir à emergência de estados de ânimo de pendor francamente negativo;
- *factores culturais e sociais*: Fouquereau, Fernandez, Fonseca, et al. (2005) realizaram um estudo comparativo de satisfação e bem-estar na reforma em seis países europeus (Portugal, França, Bélgica, Espanha, Inglaterra e Finlândia), tendo os reformados portugueses apresentado o nível mais baixo de satisfação; os ingleses e os franceses, pelo contrário, apresentavam os resultados mais elevados quanto à satisfação com a vida e ao bem-estar psicológico. De acordo com o observado neste estudo, os principais determinantes de satisfação e bem-estar na reforma ligavam-se sobretudo à saúde e aos recursos (económicos e materiais, incluindo a residência), mas a atitude social predominante face aos reformados (quanto mais positiva, maior a satisfação) também "pesava" como factor determinante. Assim sendo, não serão apenas os factores internos a interferir na satisfação e no bem-estar; aspectos relativos a variáveis culturais e

sociais têm também um lugar de destaque ao modelarem as atitudes pessoais face à reforma e ao papel de reformado;
- *traços de personalidade e atitudes face ao envelhecimento*: para Paúl (1992), determinados traços tidos tantas vezes como inerentes ao processo de envelhecimento, como a ansiedade ou o sentimento de solidão, não estão, de modo algum, indissociavelmente ligados à velhice ou a acontecimentos que com ela se relacionam (como a reforma), mas antes à falta de objectivos. Baseando-se em dados recolhidos junto de uma população idosa urbana, a autora conclui: "Sem objectivos de vida para realizar e muitos deles sem rigorosamente nada para fazer, com uma rotina o mais das vezes penosa e solitária, [os idosos] ou se sentiam acompanhados por algum Deus ou se sentiam irremediavelmente sós a cumprir um destino inexorável" (Paúl, 1992, p. 78). No entanto, "nas situações em que o quotidiano continuava a constituir um desafio e a saúde o permitia, os idosos, mesmo vivendo sós, mantinham-se satisfeitos com a vida" (p. 78).

Ter e aprofundar objectivos é, efectivamente, um dos principais alicerces não apenas para alcançar satisfação e bem-estar, mas para a construção global de um envelhecimento bem sucedido. Pinquart & Sorensen (2000) partem de uma visão desenvolvimental para conceber o desenvolvimento humano como uma procura de objectivos, nos quais se incluem a autonomia (enquanto sinónimo de competência) e o estabelecimento de relações significativas com outras pessoas. A competência, o estatuto socio-económico e a integração social surgem como três variáveis que podem funcionar como mediadores da satisfação e do bem-estar, sucedendo na velhice um risco acrescido de ocorrência de perdas em qualquer uma dessas variáveis – por exemplo, devido à reforma (diminuição de dinheiro e de contactos sociais) e a problemas de saúde (diminuição de autonomia) –, com reflexos negativos sobre a satisfação com a vida e sobre o bem-estar psicológico.

Da análise efectuada a dezenas de estudos, Pinquart & Sorensen (2000) concluem que todos estes três factores estão associados ao bem-estar psicológico na velhice, com particular destaque para a variável "contactos sociais". Na verdade, os autores constataram que, por um lado, a qualidade das relações sociais é mais importante para o bem-estar psicológico do que a quantidade de tais relações, e que, por outro lado, tão importante como o contacto com os filhos adultos parecem ser os contactos sociais estabelecidos com amigos. Este último dado é reforçado num outro estudo (Lang, 2001), onde se verificou que o processo de envelhecimento é caracterizado por um estreitamento do círculo de relações significativas, o que faz com que os idosos tenham cerca de metade das relações que tinham no início da vida adulta, devido à morte dos pares mas também porque, ao longo da vida, vão escolhendo relacionar-se com as pessoas de quem se sentem mais próximas (independentemente de serem familiares ou amigos). Como resultado desta selectividade, a qualidade das relações sociais na velhice tende a ser determinante para a satisfação com a vida. Para Lang, nem a reforma, nem a morte do cônjuge nem a falta dos filhos, tem de significar o fim das relações significativas, acabando as pessoas por estabelecer relações igualmente satisfatórias com amigos próximos e podendo até acontecer que estas sejam mais importantes do que as que mantêm com familiares. Aliás, aparentemente, quando os filhos adultos começam a dizer aos pais idosos o que devem fazer e a intrometerem-se nas suas vidas, a reacção destes é muito semelhante à que os filhos tinham quando eram adolescentes e os pais procuravam dirigir as suas vidas.

Retomando a importância dos objectivos, o impacto que a passagem à reforma e a condição de "reformado" exercem sobre a satisfação e o bem-estar dos indivíduos pode, em grande medida, ser analisado atendendo ao padrão de ocupação do tempo e às actividades a que o indivíduo recorre no sentido de o preencher. No entanto, a tomada de decisão sobre as actividades em que desejam envolver-se não é, para algumas pessoas, imediata, levando um certo tempo a consolidar e envolvendo a consideração simultânea de aspectos materiais, cognitivos e afectivos. É frequente, mesmo, que períodos de entusiasmo com as possibilidades abertas pela nova condição de vida alternem com períodos de perplexidade face à novidade dessa mesma condição, gerando desconforto e ansiedade.

Com efeito, dos riscos psicológicos inerentes à passagem à reforma, a *neura da reforma* constitui, a nosso ver, um paradoxo que ilustra bem a complexidade presente nesta situação de "transição-adaptação". No caso concreto da transição da vida profissional para a vida de reformado, a verificação de um estado de espírito negativo compreende-se na medida em que estamos perante uma situação que envolve diversas mudanças em simultâneo, nem sempre ou até por vezes dificilmente conciliáveis entre si. Mesmo quando as mudanças trazem benefícios, também implicam perdas (ligação a lugares familiares, a pessoas, a hábitos, a rotinas), pelo que o aparecimento de sentimentos ora de frustração, ora de tristeza, ora de *neura*, torna-se efectivamente uma possibilidade real. Este sentimento traduz-se, frequentemente, pela sensação de "estar deslocado", ou porque se passa mais tempo em casa do que era habitual, ou porque se vai ao cinema a meio da tarde, ou porque se vai à praia quando à volta todos trabalham, sugerindo Prentis (1992) que nestas condições há um trabalho a fazer: "descobrir-se a si mesmo, descobrir um sentido para a vida nesta nova atmosfera, onde já não habitam nem as pressões nem os prazeres do trabalho" (p. 52).

Quanto aos factores que promovem a satisfação com a vida no decurso do envelhecimento, Lawton (1983) é claro quando enfatiza que a manutenção das capacidades funcionais, que suportam e alimentam a autonomia, é fundamental para uma "vida boa". Com efeito, cuidar da preservação das capacidades funcionais e das redes sociais é uma variável que permite compreender, em larga medida, como se podem criar condições para um envelhecimento satisfatório. Todavia, a manutenção das capacidades funcionais no decurso do processo de envelhecimento pressupõe, na linha do que recomenda a Organização Mundial de Saúde, estimular nas pessoas a partir da meia-idade (isto é, antes mesmo ou por alturas da passagem à reforma) o gosto por "estilos de vida saudáveis, gestão efectiva do stresse, exercício físico e alimentação adequados, e prevenção simultânea da perda de autonomia e de doenças derivadas de comportamentos inapropriados" (Schroots, Fernández-Ballesteros & Rudinger, 1999, p. 144).

Atchley (1992), por seu lado, defende haver dados substanciais que apontam para o facto de a satisfação com a vida ser mantida, ou mesmo reforçada, na medida em que as pessoas idosas continuarem a exprimir "valores duráveis" nas relações familiares e sociais. Estes "valores duráveis" serão, provavelmente, a melhor resposta individual aos desafios do processo de envelhecimento, sobretudo quando assistimos a uma autêntica explosão de oferta de bens, actividades e serviços dirigidos aos mais velhos, no quadro de uma autêntica *indústria da reforma* que vai massificando os modos de vida que, supostamente, conferem qualidade a essa mesma vida. Lançando um olhar crítico a produtos gerados sobretudo pela *indústria da reforma* norte-americana e rapidamente expandidos pelo resto do mundo ocidental (condomínios residenciais exclusivos para se viver "uma reforma perfeita", propostas de actividades de lazer para uma "reforma activa", etc.), não podemos deixar de apontar as fragilidades éticas de uma postura contemporânea claramente bi-polar face ao envelhecimento, ou seja, onde um idadismo mais tradicional coexiste com uma noção de envelhecimento bem sucedido assente em fórmulas de "anti-envelhecimento", algumas delas fomentadas pelo próprio saber gerontológico.

3. O Processo de Transição-Adaptação à Reforma

3.1. Vou reformar-me – a transição
A interpretação dos mecanismos implicados nos processos de adaptação à mudança durante a vida adulta adquiriu especial relevância a partir dos anos '70, através da ênfase que autores como Schlossberg e Rutter, entre outros, deram aos conceitos de *transição* e *adaptação*. Estes autores defendem, genericamente, que as transições desenvolvimentais que ocorrem após a adolescência implicam necessariamente um movimento de adaptação no sentido de uma modificação das condições de vida do indivíduo.

Todos os momentos da vida de um adulto ou de um idoso em que ocorrem mudanças podem, pois, suscitar experiências de transição e de adaptação, susceptíveis de resultarem numa modificação das concepções acerca do *self* e do mundo, de conduzirem a uma maior consciencialização de si mesmo e de provocarem uma maior abertura ao seu próprio potencial de desenvolvimento, em suma, "mudanças por meio das quais reorganizamos as nossas vidas e reordenamos os nossos objectivos" (Hoffman, Paris & Hall, 1994, p. 431).

Esta ênfase desenvolvimental inerente aos movimentos de transição e adaptação apresenta uma enorme variabilidade, quer inter, quer intra-individual. As pesquisas realizadas por Nancy Schlossberg em torno da adaptação humana face a acontecimentos específicos, sejam eles previsíveis (como a reforma ou a menopausa) ou completamente inesperados (a morte de um filho menor, por exemplo), levaram-na rapidamente a concluir que os indivíduos adultos diferem bastante entre si na sua capacidade de adaptação à mudança e que a mesma pessoa reage de forma diferente a diversos tipos de mudança. De qualquer modo, parece consensual que uma transição incorpora elementos de descontinuidade e de mudança, quer na consciência pessoal, quer no repertório comportamental, acrescentando qualquer coisa de novo a ambos.

A análise de qualquer processo psicológico de "transição-adaptação" exige, de resto, a consideração de um assinalável número de variáveis que parecem afectar o resultado de uma transição específica, sendo tão importante como a transição em si mesma, por um lado, a forma "como uma transição se encaixa na fase e no estilo de vida da pessoa no momento em que ocorre" (Schlossberg, 1981, p. 5) e, por outro lado, que "uma transição não é tanto uma questão de mudança, por si só, mas sobretudo a *percepção* individual dessa mesma mudança" (Schlossberg, 1981, p. 7). Isto significa, no fundo, que uma transição como a passagem à reforma só funciona como tal se assim for percebida pela pessoa que a experimenta.

O modelo de Schlossberg, proposto inicialmente em 1981 (Schlossberg, 1981) e revisto em 1995 (Schlossberg, Waters & Goodman, 1995), descreve as transições nos adultos apoiando-se numa explicação que é, simultaneamente, *contextual* (este período da vida é compreendido no quadro de um determinado contexto social), *desenvolvimental* (acentua a natureza sequencial do desenvolvimento do indivíduo adulto), *de ciclo de vida* (centrada nas questões da individualidade e dos movimentos de continuidade *versus* mudança), e *transaccional* (debruçada sobre os acontecimentos de vida que estão na origem das transições em si mesmas).

A definição básica proposta por Schlossberg (1981) para explorar o conceito de *transição* defende que uma transição ocorre quando um acontecimento resulta numa mudança de concepções acerca de si mesmo e do mundo, requerendo uma mudança correspondente no comportamento individual e nas relações que o indivíduo estabelece com o meio envolvente. Associada à noção de transição emerge frequentemente a noção de "crise", mas a ligação entre "transição" e "crise" é relativizada por Schlossberg, quer porque esta última noção traz consigo geralmente uma conotação negativa, quer porque se algumas transições são de facto experimentadas como formas de crise, outras não envolvem qualquer experiência dessa natureza. Deste modo, em vez de "crise", Schlossberg prefere falar em "transição psicossocial", definindo-a como uma mudança de concepções e de comportamentos que apresenta, habitualmente, importantes consequências para o padrão de vida do indivíduo, podendo essas consequências serem evidentes logo no momento ou manifestarem-se no futuro.

Isto não significa, porém, que o resultado de uma transição seja sempre positivo. Para Schlossberg, se é verdade que o fim de uma transição é habitualmente marcado por uma nova organização de vida e até por uma nova identidade, tal não significa que a autora não defenda a eventualidade de existência de um certo *risco desenvolvimental* associado às transições. É, de resto, bastante significativo que o símbolo chinês que representa a palavra "crise" seja composto precisamente por dois caracteres, um que significa "perigo" e o outro que significa "oportunidade". Para se compreender o impacto de uma transição na vida do indivíduo é necessário ter em conta, também, se estamos perante um acontecimento que toca unicamente o indivíduo, se interfere na relação do indivíduo com outros ou se é um acontecimento que produz alterações na relação do indivíduo com a comunidade, bem como a origem da transição (que poderá estar na pessoa, na família, nos amigos, no trabalho, na saúde, na economia ou na sociedade). De uma maneira geral, o impacto da transição será tanto maior ou menor consoante a menor ou maior semelhança existente entre a situação verificada depois e antes da transição, ao nível das relações humanas, das rotinas do quotidiano e dos papéis exercidos.

Por norma, como lidam as pessoas com as transições? Hopson (1981) sugere um modelo de reacção à transição relacionado sobretudo com os níveis de auto-estima e de ânimo dos indivíduos. Este modelo de compreensão é definido em sete estádios, os quais representam as transições pela compreensão das experiências vividas e sentidas pelos indivíduos nesse processo. A cada um destes estádios corresponderão diferentes níveis de auto-estima. Hopson (1981) descreve os estádios de reacção à transição da seguinte forma:

- choque e imobilização: quanto mais se tratar de um acontecimento surpresa, mais susceptível será de provocar sentimentos contraditórios;
- minimização/negação: forma de lidar com os sentimentos negativos que decorram da transição, procurando reduzir o impacto do acontecimento;
- depressão: que pode não ter exactamente uma tradução clínica, mas assumir outras respostas comportamentais, como ansiedade, medo ou tristeza;

- indiferença: incerteza, hesitação, "deixar andar...";
- exploração de alternativas: que pode ser acompanhada por mudanças rápidas de humor, excitação e/ou impaciência, associadas a novas formas de estar que vão sendo "testadas";
- procura de significado: através dos novos investimentos que vão sendo experimentados;
- integração: fase de "renovação", caracterizada pela adesão a novas concepções e a novos valores, de tomada de consciência das perdas verificadas, mas também, simultaneamente, de reconhecimento dos ganhos alcançados.

Este modelo, alerta Hopson (1981), ajuda a compreender como é que as pessoas representam e vivem as transições, mas não lhe parece razoável admitir que todas as transições possam caber de forma linear dentro deste modelo, ainda para mais progressivo, pois, o progresso é tipicamente um movimento de "dois passos adiante, um passo atrás", com a certeza de que, quando regredimos, necessitamos geralmente de menos tempo que da vez anterior para nos movimentarmos daquela fase para a seguinte. Hopson realça, ainda, que não pode ser ignorado o papel dos factores do meio na determinação do curso e experiência de uma transição, podendo a família e os sistemas sociais (instituições, organizações, etc.) desempenharem um importante papel na facilitação da tarefa de confronto com situações de transição.

Schlossberg (1981) e Schlossberg, Waters & Goodman (1995) apresentam um modelo de resposta à transição bastante mais simples, descrevendo-o em três fases: na primeira, o indivíduo sente-se literalmente invadido, submergido, pelo acontecimento que origina a transição; na segunda, o indivíduo compreende a necessidade de mudar as suas anteriores concepções e modos de estar; na terceira, o indivíduo integra-se na nova condição de vida para o melhor e para o pior, assumindo frequentemente uma nova (faceta da sua) identidade. É, por isso, bastante sugestivo que a este modelo de três fases Schlossberg associe a imagem da "montanha russa", definindo um movimento de reacção ao acontecimento sem lhe estabelecer propriamente um conjunto de etapas previsíveis: face ao acontecimento crítico, o indivíduo entra em período de desorganização para depois, gradualmente, emergir e entrar em fase de (re)organização, tornando-se aqui particularmente relevantes as competências (afectivas, cognitivas e comportamentais) de que a pessoa se serve para fazer face à situação problemática. A autora enuncia, ainda, algumas variáveis que podem ajudar a compreender a variabilidade individual na forma de compreender e lidar com as transições:

- *mudança de papel social*: muitas transições envolvem mudança de papéis, algumas correspondendo sobretudo a ganhos (ser pai, começar a trabalhar), outras a perdas (reformar-se, enviuvar); independentemente de envolverem ganhos ou perdas, é de esperar que algum grau de stresse acompanhe esta mudança;
- *afectos que desencadeia*: alguns tipos de transição geram mais frequentemente sentimentos positivos (como casar) do que sentimentos negativos (como perder o emprego), mas a maior parte das transições desencadeia afectos simultaneamente positivos e negativos;
- *origem e motivação*: algumas transições surgem como resultado de uma decisão deliberada do indivíduo (reforma por vontade própria), enquanto outras sucedem porque o indivíduo a isso foi obrigado por outras pessoas ou pelas circunstâncias (reforma antecipada por imposição externa), estando aqui em questão o maior ou menor controlo percebido sobre a própria vida (no primeiro caso facilitando a adaptação, no segundo caso dificultando-a);
- *momento de ocorrência*: apesar do "relógio social" ter sofrido uma evolução significativa no decurso das últimas décadas, é provável que muitas pessoas e a sociedade em geral ainda utilizem a idade cronológica como uma variável orientadora para a ocorrência de certas transições (ter filhos, reformar-se, etc.), pelo que as transições que sucedem "no momento previsto" são mais fáceis de encarar e de resolver sob o ponto de vista adaptativo do que quando sucedem "fora de horas";
- *modo de ocorrência*: muitas das transições de vida são esperadas e a pessoa prepara-se para elas de forma gradual (ao atingir os 60 anos o trabalhador sabe que a vida profissional está a chegar ao seu termo normal), enquanto outras ocorrem subitamente ou de forma inesperada, sendo mais difíceis de lidar e de resolver satisfatoriamente.

Procurando evidenciar de forma empírica o papel das transições como "marcos" de desenvolvimento psicológico, Fiske & Chiriboga (1990) desenvolveram um estudo longitudinal com adultos (107 homens e 109 mulheres) divididos por quatro coortes, cada uma delas prestes a viver uma transição específica: jovens que terminavam a universidade e se preparavam para entrar na vida profissional; casais jovens que se preparavam para ter o primeiro filho; pais de meia-idade cujos filhos estavam prestes a abandonar a casa; trabalhadores prestes a reformar-se. Neste estudo, foram pesquisadas semelhanças e diferenças entre as pessoas quanto aos mecanismos de *coping* utilizados para lidar com estas quatro diferentes transições típicas do ciclo de vida dos adultos, duas delas envolvendo ganho de papéis (início da vida profissional; ter um filho) e duas envolvendo perda de papéis (saída dos filhos de casa; reforma). A avaliação da amostra fez-se em quatro períodos distintos: 18 meses, 5 anos, 7 anos e 10 anos após a recolha inicial dos dados, incidindo em dimensões como a saúde, o comportamento, valores e objectivos, relações familiares e sociais, e bem-estar geral.

Os autores concluíram, efectivamente, que o percurso da vida é traçado em função de acontecimentos de vida e de transições, fazendo sentir-se o respectivo impacto ao nível do funcionamento psicológico global, da saúde física e do conceito de si próprio. A maneira como os indivíduos experimentam estes acontecimentos de vida depende do modo como se envolvem nas transições que lhes estão inerentes, havendo certos indivíduos melhor preparados do que outros para lidar com o efeito stressante dos acontecimentos, quer devido a características da personalidade, quer devido a características dos contextos em que as pessoas vivem e que facilitam o confronto com as tarefas desenvolvimentais decorrentes das transições.

Partindo igualmente do princípio básico subjacente à psicologia do ciclo de vida, segundo o qual o desenvolvimento psicológico envolve situações de continuidade e de descontinuidade, de estabilidade e de mudança, Rutter (1994) associou as transições ao que designou por "momentos de viragem" ("turning points") no desenvolvimento humano, ou seja, forças internas e externas que impelem à mudança e que transportam consigo o potencial para (re)direccionar as trajectórias de vida. As experiências que caracterizam tais momentos supõem sempre alguma descontinuidade e a direcção da mudança deve influenciar o desenvolvimento de tal modo que o caminho percorrido pela pessoa, após o momento de viragem, seja visivelmente diferente do anteriormente percorrido. Rutter sugere que essas experiências cabem dentro de três categorias principais: as que fecham ou abrem oportunidades de desenvolvimento; as que envolvem uma mudança permanente de ambiente; as que apresentam um efeito duradouro no auto-conceito da pessoa ou nas expectativas acerca dos outros.

Na resposta aos *momentos de viragem*, Rutter (1994) tende a acentuar, sobretudo, a importância do factor estabilidade. Sendo certo que as pessoas diferem bastante entre si na forma como respondem aos estímulos que estão na base e que provocam transições e momentos de viragem, algo que se aplica quer a estímulos internos (como a menopausa), quer a estímulos externos (reformar-se), a "turbulência" eventualmente verificada durante muitas dessas transições (sobretudo naquelas que sucedem durante a meia-idade) tende a ser desvantajosa em termos do bem-estar psicológico futuro. Isto faz com que o indivíduo procure manter o mais possível a estabilidade, quer do seu funcionamento intrínseco, quer da sua relação com o exterior. Apesar desta procura de estabilidade nem sempre se aplicar a todas as transições, a ênfase na ideia de reorganização total do indivíduo (que o levaria a estruturar uma "vida nova" e um funcionamento psíquico também "novo") parece ser excessiva, pois ignora que as estruturas e os processos de natureza psicológica não se modificam de forma tão substancial assim na sequência de um momento de viragem.

Igualmente preocupados em compreender a evolução e o resultado desenvolvimental da exposição a situações de transição no decurso do ciclo de vida, Moos & Schaefer (1986) propõem um modelo de análise segundo o qual uma transição realça a importância do recurso a *tarefas adaptativas* específicas para lidar com tais tarefas. Das tarefas inerentes à gestão da situação de transição caracterizada pela passagem à reforma, os autores sublinham as seguintes:

- compreender o significado pessoal da situação e atribuir-lhe um sentido: na sequência de um acontecimento, há uma reacção inicial de confusão que vai diminuindo à medida que o indivíduo "toma consciência" da realidade desse acontecimento; após a reforma, o indivíduo necessita de assumir a ruptura com um anterior modo de vida que lhe ocupava a maior parte do dia, assimilando as consequências para o seu quotidiano que resultam do fim da vida profissional e da entrada numa nova condição, a de reformado;
- confrontar-se com a realidade e responder às exigências colocadas pela situação: após a reforma, há tarefas que o indivíduo necessita

de cumprir, como reorganizar o uso do tempo, a vida familiar e os seus papéis sociais, ajustar-se a uma eventual diminuição de rendimentos, etc.;
- manter relações com membros da família, amigos e outras pessoas que possam ser úteis na adaptação face à transição: a reforma pode trazer dificuldades à manutenção de canais de comunicação com terceiros, mas esses mesmos canais e o suporte social e afectivo que lhes está subjacente podem revelar-se determinantes para que o indivíduo obtenha não só ajuda emocional, mas também o apoio necessário para tomar decisões sensatas;
- preservar um balanço emocional satisfatório: a sensação de "território desconhecido" que acompanha a entrada na reforma pode suscitar emoções como tensão, medo ou angústia, pelo que a manutenção de sentimentos positivos revela-se determinante, mesmo quando tal se afigura difícil face às circunstâncias;
- garantir uma imagem de si próprio satisfatória e um sentimento de competência e domínio da situação (em termos de valores e de comportamentos pessoais), que respondam adequadamente a uma eventual "crise de identidade" gerada pelo facto de, com a reforma, a pessoa passar a ser uma "ex-qualquer coisa".

Perante este leque tão diferenciado de tarefas adaptativas, o que faz, então, com que as pessoas respondam de forma tão diferenciada às transições? Moos & Schaefer (1986) atendem, sobretudo, a três ordens de variáveis:
- factores pessoais: idade, género, estatuto socioeconómico, saúde, são variáveis que fazem depender o resultado final do processo adaptativo, bem como aspectos de natureza cognitiva e emocional, como a resiliência ou a confiança em si próprio;
- factores relacionados com a transição: são factores que se prendem com as próprias características dos acontecimentos que estão na base das transições, como sejam a sua natureza, a sua previsibilidade, o maior ou menor poder de controlo sobre os respectivos efeitos, a sua extensão e invasão da vida pessoal;
- factores relacionados com o meio físico e social: diversos aspectos do ambiente físico e social afectam as tarefas adaptativas, como por exemplo, a residência e o local onde se vive, os recursos comunitá-

rios à disposição, a rede social de apoio e a inserção do indivíduo na comunidade.

Entretanto, partindo da sua própria experiência de vida, Nancy Schlossberg publica em 2003 um livro onde aplica o quadro de referência teórico, por ela amplamente desenvolvido ao longo dos anos, ao processo de transição para a reforma. "A reforma é *assustadora*. E porque não deveria sê-lo? Há tantos aspectos da nossa vida que subitamente se alteram: a que horas acordar, o que vestir, quando sair de casa para tomar um café... não admira que as pessoas se sintam desconfortáveis. A reforma muda não apenas as nossas rotinas diárias, mas também o nosso papel social, as nossas relações, e, talvez o mais importante de tudo, a nossa própria identidade. É difícil, incómodo, até mesmo deprimente, saber quem *fomos* mas não quem *somos*. A reforma é como sair para o mar num barco à vela no meio de uma tempestade, em direcção a um destino incerto" (Schlossberg, 2003, p. 5-6). Mantendo sempre a convicção de que é perfeitamente possível encontrar um sentido para a vida de reformado e que esta pode ser tão ou mais excitante do que a vida profissional, Schlossberg apresenta no seu livro um conjunto de "verdades sobre a reforma" baseadas em 100 entrevistas por ela realizadas junto de uma amostra diversificada de pessoas que experimentavam esta situação de transição. Eis algumas dessas "verdades":

- a reforma é uma experiência nova e nada semelhante a outras experiências já vividas; para muitas pessoas, é mesmo a primeira vez que necessitam de fazer, por sua própria iniciativa, escolhas com impacto relevante para o seu modo de vida;
- todavia, a reforma é uma transição como qualquer outra, o que significa deixar para trás o passado e procurar criar um vida nova para o futuro;
- também como qualquer outra transição, a reforma comporta sempre surpresas, tanto positivas como negativas;
- a transição que a reforma implica é difícil porque obriga a pessoa a responder novamente a questões que se pensava estarem respondidas para sempre: quem sou eu? para que sirvo? quais são os meus objectivos na vida?
- a reforma pode, inesperadamente, transformar as relações com colegas, amigos, e mesmo com o cônjuge, levando à constatação que marido e mulher têm diferentes "agendas" quanto ao futuro;

– enfim, a passagem à reforma é um acontecimento paradoxal: para uns, a liberdade que se adquire é efectivamente libertadora, enquanto para outros essa liberdade é uma fonte permanente de ansiedade.

Embora não lhes chame exactamente "fases de transição", o índice desta obra de Schlossberg pode muito bem ser encarado como um percurso de ajustamento individual face à reforma, materializado nos seguintes momentos: *desmistificar o processo de transição* (confrontando a reforma com outras situações de transição já vividas e compreendendo o que é igual e o que é diferente na reforma, quando comparada com tais situações); *olhar para si mesmo* (avaliando o que fica em causa, sob o ponto de vista pessoal, nas mudanças originadas pela reforma); *construir relações* (valorizando as relações pessoais e as redes de suporte social, já existentes ou a criar); *definir uma trajectória* (determinando planos, objectivos e resultados a atingir); *assumir o controlo* (afectando os recusos necessários à concretização da trajectória definida); *olhar para o futuro* (usando permanentemente os "ganhos da reforma" para alcançar um estado de realização pessoal).

3.2. "Estou reformado" – a adaptação

A adaptação decorre naturalmente da própria transição.

Para Schlossberg (1981), a "adaptação à transição consiste num processo durante o qual o indivíduo se move de um estado em que se encontra totalmente preocupado com a transição para um estado em que integrou completamente a transição na sua vida" (p. 7). Esta definição contém uma ideia de *processo*: movemo-nos de uma fase de consciência de que estamos a mudar para uma situação em que mudamos efectivamente, ou movemo-nos de uma fase em que a energia é dirigida para minimizar o impacto do stresse provocado pelo acontecimento para uma fase de reorganização, em que a nova realidade é encarada e aceite. Hopson (1981) propõe que, em vez de adaptação, se fale em "respostas à transição", sendo possível identificar uma enorme variedade de possíveis respostas adaptativas: desde aquelas respostas que são completamente não adaptativas, passando pelas que são suficientes para a sobrevivência, às que permitem efectivamente ultrapassar a situação com sucesso.

Quer se fale em adaptação ou em respostas à transição, é certo, no entanto, que cada tipo de transição apresenta o seu próprio padrão de adaptação e que algumas pessoas adaptam-se mais fácil e rapidamente a uma dada transição do que outras. Para Schlossberg (1981), esta variabilidade pode ser explicada confrontando as características dos ambientes pré e pós-transição e ponderando os recursos de adaptação.

Analisando a diferença entre os *ambientes pré e pós-transição*, o sucesso ou o fracasso da adaptação à nova situação dependerá bastante e estará fortemente correlacionado com a semelhança ou diferença existente entre os ambientes antes e depois da transição (o que inclui factores físicos e relacionais). Trata-se de uma hipótese explicativa que recorre quer a uma visão ecológica – com o "espaço de vida" do indivíduo a assumir uma grande importância –, quer a uma visão construtivista – sublinhando a existência de um "mundo subjectivo" (visão acerca do *self* e do mundo, onde também entram a interpretação do passado e as expectativas quanto ao futuro). Obviamente que o espaço de vida está a mudar constantemente, mas nem todas as mudanças que aí ocorrem implicam uma reestruturação significativa do mundo subjectivo, pelo que o grau de diferença entre os ambientes pré e pós-transição será relevante apenas quando essa diferença afectar o mundo subjectivo do indivíduo e, nessa medida, as suas relações com os outros e com a comunidade.

Quanto aos diferentes *recursos de adaptação* que são úteis para restabelecer o equilíbrio eventualmente perdido com a transição, Schlossberg (1981) focaliza a sua atenção em três grupos de recursos: os que se prendem com a transição (ser uma transição mais ou menos esperada, a sua duração, a sua similitude com outras transições, a mudança mais ou menos substancial de papéis que supõe); os que se prendem com o indivíduo (características pessoais de natureza psicológica – personalidade, resiliência, *coping* – e reacções face à adaptação, nomeadamente, a capacidade para exercer controlo sobre uma situação e/ou para modificar o seu significado); os que se prendem com o ambiente onde decorre a transição (qualidade das relações humanas e do suporte social, inserção do indivíduo no meio social, existência de grupos de apoio, representações da sociedade relativamente à situação específica de transição).

Ao efectuar uma revisão do seu modelo, Schlossberg procede ao rearranjo dos recursos de adaptação, agrupando-os segundo um "sistema de 4 esses" – no original, "situation", "self", "support", "strategies" –, ou seja, situação, *self*, suporte e estratégias (Schlossberg, Waters & Goodman, 1995):

- *situação*: acontecimentos desencadeadores (esperados ou imprevisíveis), stresse concorrente (outros acontecimentos simultâneos que acentuam o stresse do acontecimento primordial), motivação (a transição é mais fácil de viver para o indivíduo que a escolhe), experiências anteriores com transições semelhantes;
- *self*: importância da transição (que varia de acordo com o sexo, situação familiar, educação, ou no caso da reforma com a importância anteriormente dada à carreira profissional), capacidade de adaptação, eficácia pessoal (ao nível dos comportamentos de reacção ao stresse), sentido atribuído à transição;
- *suporte*: relações pessoais, contactos com outros em situação semelhante, ajuda prestada por organizações do meio;
- *estratégias*: exercício de controlo sobre a situação (acção construtiva, afirmação de si, capacidade para encontrar soluções novas), modificação do significado da situação (através da alteração de prioridades, da adesão a novos objectivos, do desenvolvimento de novos rituais), controlo do stresse (por meio de expressão de emoções, actividade física, actividades de grupo, terapia, etc.).

No livro de Schlossberg (2003) já aqui referido, os variados arranjos adaptativos suscitados por este conjunto de recursos de adaptação traduzem-se, em termos concretos, na identificação de seis modalidades de adaptação à condição de reformado:

- os *continuadores*: vêem a "reforma total" como um desperdício das competências adquiridas ao longo da vida profissional, pelo que procuram permanecer ligados às actividades anteriormente desenvolvidas (trabalhando em tempo parcial, por exemplo);
- os *espectadores atentos*: mantêm interesse nas suas anteriores actividades, mas reservam para si mesmos um papel tutorial (tornando-se formadores ou consultores);
- os *aventureiros*: para estes, a reforma é uma ocasião ideal para iniciar novas actividades ou desenvolver competências novas;
- os *pesquisadores*: aprendem por tentativa e erro o que será melhor para si durante a reforma;

- os *deslizadores*: vão simplesmente ocupando o tempo, sem programar o que quer que seja;
- os *encostados*: reformam-se não só do emprego mas também da vida e desistem de procurar um novo caminho.

Para Schlossberg, várias trajectórias são possíveis após a reforma; quanto mais tempo se viver, mais oportunidade haverá de experimentar mais do que uma destas modalidades de adaptação.

3.3. Variáveis de ajustamento

Desde os estudos de Atchley que a adaptação à reforma é vista como um processo que envolve uma série de estádios ao longo dos quais, passo a passo, a pessoa procura que tal acontecimento não ponha em causa a sua identidade pessoal. Já vimos que o modo como se enfrentam e se resolvem os desafios colocados pela reforma dependerá, em primeiro lugar, das razões e das condições que rodeiam a passagem à reforma. Em larga medida, porém, o maior ou menor sucesso adaptativo face à reforma é mediado pelo impacto exercido por um conjunto de *variáveis de ajustamento*, algo que tem sido confirmado quer através de estudos comparativos entre populações de reformados e de não reformados, quer através de estudos longitudinais efectuados junto de pessoas reformadas. Entre essas variáveis, iremos detalhar aqui as seguintes: *género, casamento, ocupação do tempo e relações sociais*, e *saúde*.

Género
De um modo geral, os resultados encontrados na generalidade dos estudos são convergentes com os que foram obtidos por Quick & Moen (1998), que tendo realizado um estudo junto de 244 homens e 214 mulheres, todos reformados, com idades compreendidas entre os 50 e os 72 anos, verificaram que os homens experimentam maior satisfação com a reforma do que as mulheres, constituindo a saúde e as motivações de ordem interna ("poderem fazer outras coisas") os aspectos mais correlacionados com essa mesma satisfação. De entre os indicadores e motivos que ajudam a explicar a menor satisfação entre as mulheres, sublinhamos para já os seguintes:
- Szinovacz (2001) assinala que as mulheres reformam-se mais do que os homens por circunstâncias imprevistas (apoio à família, por

exemplo) e pressão dos maridos nesse sentido, podendo ficar no ar uma sensação de "tarefa inacabada" ou de tomada de decisão precipitada;
- Szinovacz (2001) salienta também que, por terem ganho menos dinheiro ao longo da vida profissional, e sobretudo quando se reformam mais cedo, as mulheres acabam por sair desfavorecidas em termos das respectivas pensões;
- Calasanti (1996) considera que, mesmo após a reforma, as mulheres tendem a estar em desvantagem em relação aos homens, dada a perpetuação que se constata nas relações de género já existentes no tempo em que ambos trabalhavam, ou seja, também durante a reforma as mulheres continuam a ter mais trabalho (pela via doméstica e dos cuidados, nomeadamente) do que os homens;
- Szinovacz & Washo (1992) sugerem a existência de uma maior vulnerabilidade das mulheres, quando comparadas com os homens, a propósito dos efeitos da exposição simultânea a vários acontecimentos de vida, o que pode ser explicado devido ao maior envolvimento e à maior dependência das mulheres face às redes familiares e sociais;
- finalmente, Szinovacz & Washo (1992) defendem que a menor satisfação das mulheres após a passagem à reforma é devida à sua maior vulnerabilidade perante acontecimentos de vida stressantes; as mulheres envolvem-se mais do que os homens nesses mesmos acontecimentos de vida, acabando por sofrer mais com as suas consequências, enquanto um certo "desligamento emocional" dos homens parece protegê-los, ameaçando menos a respectiva satisfação com a vida.

Todavia, a observação sistemática de uma menor satisfação nas mulheres reformadas não pode ser desligada da eventualidade de estarmos perante o efeito prático de um viés salientado quer por Szinovacz & Washo (1992), quer por Calasanti (1996), para quem a pesquisa no domínio das diferenças de género a propósito da reforma está fortemente baseada num "modelo masculino" de análise dos processos de transição e de adaptação à reforma. Se é verdade que a pesquisa sobre a reforma apresenta, desde logo, um importante viés ao tratá-la como um acontecimento isolado, uma segunda limitação deverá ser agora acrescentada: centrar-se nas experiências de reforma dos homens.

Partindo do princípio que as principais variáveis que podem prever o maior ou menor sucesso adaptativo face à reforma não afectam igualmente homens e mulheres, Calasanti (1996) alerta para a falta de rigor que resulta do uso deste modelo, dada a influência das estruturas profissionais tanto na identidade profissional, como na posterior adaptação à reforma. A este respeito, Szinovacz (2001) assinala que, na maioria das coortes estudadas nos Estados Unidos e no Canadá, a decisão de se reformar apresenta geralmente diferentes antecedentes para os homens e para as mulheres. Por exemplo, é mais provável que as mulheres se reformem por motivos ligados à família do que os homens, sendo também frequentemente pressionadas a fazê-lo mais cedo do que desejavam dada a vontade expressa dos maridos nesse sentido (fazendo coincidir a sua reforma com a deles). Finalmente, verifica-se também que por terem ganho menos dinheiro ao longo da vida e por se reformarem mais cedo, as mulheres acabam por sair desfavorecidas em termos das respectivas pensões, condições que levam a desvantagens e a maiores dificuldades de ajustamento das mulheres à reforma. Mesmo após a reforma, acrescenta Calasanti (1996), as mulheres tendem a estar em desvantagem em relação aos homens, dada a perpetuação das relações de género que já existiam no tempo em que ambos trabalhavam. Não sendo possível ignorar que as mulheres que trabalham fora de casa tendem a trabalhar duplamente (na grande maioria das famílias, assumem a esfera doméstica em simultâneo com a esfera profissional), também após a passagem à reforma as mulheres continuam a ter uma *dupla vida de trabalho*, delas sendo esperado que continuem a desempenhar tarefas domésticas enquanto a saúde assim o permitir, tais como zelar pelo arranjo das casas, preparar refeições e muitas vezes cuidar dos netos. Esta situação pode levá-las a experimentar um sentimento de sobrecarga e de "prisão ao lar", coisa que os homens reformados não sentem de todo.

Foi com base nestes pressupostos e procurando contrariar o enviesamento do "modelo masculino" atrás citado, que Calasanti (1996) efectuou um estudo sobre género e satisfação com a vida na reforma, onde procurou averiguar em que medida a comparação entre grupos profissionais distintos conduz a diferentes padrões de satisfação de acordo com o género. O autor usou uma amostra de 1031 reformados norte-americanos de ambos os sexos, vivendo nas respectivas residências, distribuídos por grupos de acordo com critérios que reflectem um posicionamento em quatro distintos "estatutos de reforma", correspondendo por sua vez a um anterior posicionamento em quatro distintos grupos socioprofissionais, de menos diferenciados a mais diferenciados. O autor serviu-se de medidas de avaliação da satisfação com a vida na reforma que contemplavam quatro dimensões – vida familiar, amigos, saúde, actividades de lazer –, concluindo efectivamente que as experiências vividas durante a vida profissional, condicionadas pelo género, reflectiam-se posteriormente na reforma.

Esta pesquisa sustenta, então, duas ideias: primeira, a necessidade de construir modelos de análise que possam evocar múltiplas realidades de adaptação à reforma, recusando uma visão padronizada dessa adaptação a partir unicamente da perspectiva masculina; segunda, que o conhecimento acerca da adaptação à reforma construído a partir de estudos feitos com homens brancos de classe média pode não se aplicar às mulheres, para quem se exige a realização de estudos mais diferenciados, tendo em atenção as realidades por si vividas também enquanto trabalhadoras. Não se trata aqui de elaborar modelos separados para homens e mulheres, mas sim de integrar as experiências das mulheres e tratá-las de acordo com as respectivas histórias de vida e de trabalho, recusando uma análise comparativa genérica, feita geralmente a partir de um olhar masculino.

No próximo capítulo, veremos como se apresenta esta questão nos reformados portugueses.

Casamento
Durante muito tempo, a reforma foi uma experiência praticamente só masculina; a divisão das esferas do trabalho e da família, por um lado, e a segregação do trabalho por género, por outro, estabeleciam as bases do que competia ao homem (assegurar o sustento fora de casa) e à mulher (ser mãe e "dona da casa"). Terminada a vida profissional o homem reformava-se, mas a mulher nunca tinha verdadeiramente de que se reformar... A alteração na estrutura do trabalho e das relações de género fez-se sentir também aqui, fazendo com que a reforma se tornasse, progressivamente, uma experiência de casal. Não surpreende, pois, que o casamento (claramente diferenciado da "vida familiar" em geral) assuma uma importância tão grande durante o período da vida coincidente com a reforma. Esta ideia defendida é por vários autores (Calasanti, 1996; Cohen & Wills,

1985; Fonseca & Paúl, 2002; Szinovacz, Ekerdt & Vinick, 1992), os quais têm sublinhado o papel do casamento nesta fase da vida, encarando-o como uma fonte privilegiada de suporte e de "dependência mútua", facilitador da adaptação à reforma e ao envelhecimento.

As principais áreas de investigação neste domínio têm sido, principalmente: averiguar o efeito da passagem à reforma na felicidade do casal, o modo como se altera a divisão das tarefas e outras dimensões da relação conjugal, a interferência de filhos e netos na relação do casal e, sobretudo, a forma como marido e mulher se (re)conhecem na mutualidade da relação à medida que vão envelhecendo.

Na verdade, uma série de questões envolvendo alterações na qualidade da relação conjugal subsequentes à reforma têm sido estudadas ao longo dos anos, mostrando a generalidade dos estudos, a este respeito, um aumento da satisfação conjugal e da qualidade de ajustamento na relação entre o casal. Esta constatação parece, contudo, não ser extensível a toda a velhice. Analisando um grupo de pessoas reformadas entre os 55 e os 90 anos, Gilford (1984) verificou que as pessoas entre os 63 e os 69 anos evidenciavam níveis mais elevados de qualidade da relação conjugal do que os indivíduos mais novos e mais velhos da amostra, levando a autora a concluir que "a intersecção da sempre agradável *fase de lua-de-mel* da reforma (Atchley, 1976) com uma fase mais avançada do casamento, pode possibilitar ao casal o aproveitamento de recursos como tempo livre, boa saúde e rendimento adequado, por meio dos quais atingem um estilo de vida conjugal caracterizado pela felicidade" (Gilford, 1984, p. 330-331). É importante observar, porém, que a autora usou a variável "ambos os cônjuges reformados" (e não tanto a idade cronológica) para explicar as variações observadas na qualidade da relação conjugal. Se Gilford está correcta na sua convicção de que a "fase de lua-de-mel" nos meses ou anos imediatamente após a reforma estende-se, com efeitos positivos, ao casamento, mas também que se vai dissipando com o decorrer dos anos, então outros factores (como "tempo de reforma" ou "saúde do cônjuge") podem ser aqui tomados como importantes mediadores dos efeitos da reforma sobre a vida conjugal.

Para Lee & Shehan (1989), o aumento da qualidade da relação conjugal à medida que se envelhece deverá ser atribuído à diminuição da importância de outros papéis (educar filhos, trabalhar), ganhando-se "tempo, espaço, liberdade e energia" (p.S226) para o aprofundamento da relação conjugal. Em linha com o pensamento de Gilford, poderia então supor-se que os efeitos positivos da reforma no casamento seriam mais visíveis nos anos imediatamente após a passagem à reforma, dado os recursos disponíveis serem mais adequados e a excitação da nova condição de vida poder estender-se à relação conjugal. Para a verificação desta hipótese, Lee & Shehan (1989) realizaram um estudo junto de cerca de 1000 indivíduos casados norte-americanos, inquirindo quer homens quer mulheres através da aplicação de uma escala de satisfação conjugal. Concluiu-se, porém, que a ideia de Gilford acerca da melhoria global da relação conjugal com a reforma não se verifica, havendo apenas um ligeiro efeito negativo (não relevante) nos homens reformados entre quatro e oito anos, e nenhuma alteração nas mulheres. Tendo em conta estes dados, Lee & Shehan (1989) defendem não ser possível identificar qualquer efeito benéfico generalizado da reforma na qualidade do casamento em pessoas mais velhas.

Pelo contrário, o mesmo não dizem as autoras a propósito de um eventual "desencontro" de estatuto profissional entre marido e mulher: quando o homem se reforma primeiro, tende a pressionar a mulher a reformar-se ao mesmo tempo ou pouco depois, limitando-lhe aspirações profissionais ou impedindo-a de atingir a elegibilidade para uma pensão de reforma completa, o que acaba por restringir a respectiva independência económica. Para além disso, quando a mulher continua a trabalhar após o marido reformar-se, verifica-se que ela apresenta níveis significativamente mais baixos de satisfação conjugal do que em qualquer outra combinação de estatuto profissional (mulher reformada e marido a trabalhar, ambos reformados). Para Lee & Shehan (1989, p.S230), "isto sugere que há qualquer coisa de problemático no período entre as reformas dos cônjuges quando o marido se reforma primeiro" Uma possível explicação para este padrão prende-se com a alteração da divisão de trabalho doméstico, ou seja, o facto de a mulher continuar a trabalhar fora de casa "obriga" o marido a cuidar mais do lar e das tarefas domésticas, levando-o a sentir-se pouco reconhecido por ter de fazer um trabalho que considera menor; por outro lado, admitindo que alguns desses homens tenham sido obrigados a reformar-se mais cedo por motivos imprevistos (saúde, reforma compulsiva, etc.), poderemos também estar perante um estado de insatisfação generalizada com a vida.

Parecendo, então, que o desfasamento entre a passagem à reforma de marido e mulher pode causar problemas na relação entre o casal, será que uma passagem à reforma simultânea é ou não, igualmente, um factor potencial de stresse conjugal? De facto, segundo Prentis (1992), eventuais problemas de comunicação entre os membros do casal podem emergir de forma dramática após a reforma e constituir uma causa real de conflitos, o mesmo sucedendo perante outro tipo de situações (que podem estar, aliás, na base dos referidos problemas de comunicação), como a ocupação dos tempos livres, a mudança de residência, a gestão doméstica, assuntos económicos, a compatibilização de interesses, etc. A própria convivência entre marido e mulher, numa base constante e permanente, pode ser causa de confusão e de algum desconforto pessoal, dado o casal não saber o que fazer com o tempo ilimitado que tem à sua disposição para gerir em conjunto.

Procurando averiguar esta possibilidade, Johnston (1990) realizou um estudo junto de dez casais de reformados norte-americanos entre os 6 e os 18 meses de reforma, através de questionários, entrevistas e outros instrumentos de avaliação da relação conjugal, constatando que as mudanças nos papéis conjugais verificadas desde o momento da passagem à reforma foram efectivamente um foco de stresse durante esse período, sendo os pensamentos comunicados mais facilmente do que os sentimentos. As mulheres acabaram por revelar ter obtido um melhor conhecimento dos maridos, sobretudo dos seus defeitos, enquanto os homens pareciam estar mais satisfeitos com a nova condição de vida do que as esposas. Em Portugal, Loureiro (2011) realizou um estudo qualitativo com 14 famílias em que ambos os cônjuges estavam reformados, verificando a existência de duas tarefas comuns por ocasião da passagem à reforma:

- *negociação da interdependência*: a transição expõe os seus protagonistas a momentos de reajustamento conjugal e relacional, sendo de esperar algum grau de conflituosidade em tal processo,
- *gestão da relação*: a generalidade dos sistemas conjugais passa, na meia-idade, por uma fase de desenvolvimento marcada pela frequente ocorrência de "crises" mais ou menos bem resolvidas, a que se acrescenta agora, na reforma, todo um conjunto de factores que se constituem como *novidades* às quais os casais têm de saber adap-

tar-se: desilusão relativa a uma expectativa de mudança de vida não ocorrida, maior interferência na vida do outro, controlo dos relacionamentos fora do casamento, solicitação de desempenho de novas funções, alteração nas relações (marido "a mandar" em casa, por exemplo).

Atendendo a que qualquer casamento vai subsistindo ao longo dos anos à custa de arranjos e de compromissos mútuos, a compatibilidade – ou a falta dela – entre duas pessoas casadas é baseada quer em experiências individuais e mútuas, quer na capacidade de responder à mudança. Ora, o advento da reforma pode ser visto como mais um "momento de viragem" na relação, podendo dizer-se que a passagem à reforma não envolve unicamente uma adaptação ao facto de um ou de os dois membros do casal deixarem de trabalhar, devendo ser encarada como um acontecimento que exige uma adaptação a uma nova condição de vida quotidiana: "É o próprio reconhecimento da mudança e a determinação para enfrentar o ajustamento que ela implica, que formam a base para uma relação com sentido nos anos seguintes" (Prentis, 1992, p. 105). Sob este ponto de vista, restam então poucas dúvidas que o sucesso adaptativo da relação conjugal nesta fase da vida vai depender, em larga medida, da *relação prévia* existente entre os cônjuges: "Se marido e mulher partilharam um respeito mútuo e desenvolveram formas de comunicação honestas, as decisões acerca da vida na reforma serão abordadas e resolvidas como o foram outras decisões tomadas em momentos de viragem experimentados conjuntamente ao longo da vida" (Prentis, 1992, p. 88).

Esta ideia de continuidade é sublinhada também por Loureiro (2011), salientando que sentimentos de frustração conjugal e mesmo ocasiões de conflito conjugal, verificados após a passagem à reforma, não são directamente causados pela reforma: "Pela análise dos contextos narrativos, foi possível verificar que muitos dos problemas conjugais que passaram a ser evidenciados após esta transição, não terão sido uma consequência directa da vivência da reforma, mas antes daquilo que a reforma veio a revelar ao permitir a emergência de alguns dos problemas já anteriormente existentes e cristalizados no relacionamento conjugal" (p. 293).

Explorando outra área de investigação, Vinick & Ekerdt (1991) estudaram o efeito da transição para a reforma na relação conjugal quanto ao modo como se altera a divisão das tarefas e outras dimensões da relação conjugal, como a realização de actividades em conjunto. Para esse efeito, entrevistaram 92 casais em que os maridos (com idade superior a 55 anos) encontravam-se já reformados (de 6 a 22 meses), vivendo as mulheres uma situação quer de reformadas, quer de não-reformadas. A maioria dos homens declarou que a sua participação nas tarefas domésticas tinha aumentado, o mesmo sucedendo na maioria dos casais quanto à realização conjunta de actividades de lazer. Um olhar mais atento revela, porém, que se metade dos homens afirma que o seu nível de actividades pessoais não sofreu alterações, mais de 40% das mulheres declaram que as suas actividades pessoais haviam diminuído com a reforma, muito embora isso não se traduzisse num problema relevante (talvez, diríamos nós, por ter aumentando a realização de actividades em conjunto com o marido).

Apesar de alguns casais terem reportado problemas de ajustamento, poucos deles associaram a reforma a uma situação de "crise conjugal"; pelo contrário, pelo menos nos primeiros meses após a passagem à reforma, esta nova condição de vida trouxe mais motivos de satisfação do que de insatisfação, tanto para as mulheres como para os homens, em grande medida devido ao acréscimo de realização conjunta de actividades de lazer. Tudo indica, efectivamente, que a partilha de actividades com o cônjuge favorece a satisfação com a vida durante a reforma, sendo isto particularmente verdade no caso daqueles indivíduos que durante a vida profissional não desenvolveram relações de amizade significativas fora do casamento e da família, acabando a relação conjugal e as relações familiares por constituírem situações únicas de interacção pessoal relevante.

Finalmente, registe-se que o casamento é protector não só sob o ponto de vista emocional, mas também material; por exemplo, sabemos que as mulheres divorciadas tendem a casar-se menos do que os homens divorciados, o que lhes pode acarretar problemas financeiros no futuro. Mas também é certo, por outro lado, que os homens parecem ser mais negativamente afectados pela perda, ausência ou fragilidade do cônjuge na parte final da vida, o que evidencia uma maior vulnerabilidade e dependência dos homens, sobretudo no que diz respeito à gestão doméstica e à prestação de cuidados. Para Calasanti (1996), aliás, a importância do casamento na satisfação dos homens após a reforma é de tal modo elevada, que estar casado parece ser absolutamente crucial na explicação do maior ou menor sucesso adaptativo dos homens face à reforma. Tal ficaria a dever-se ao facto de o suporte conjugal, que a condição de casado proporciona, ajudar o homem a manter um sentido de controlo sobre esferas da vida que frequentemente lhe "passaram ao lado" durante a idade adulta, resultando daí uma visão confiante quanto ao presente e optimista quanto ao futuro.

Sendo a passagem à reforma um momento de viragem na vida do casal, é também – e ao mesmo tempo – uma oportunidade para avaliar o significado do casamento para os anos seguintes. O reconhecimento que esses anos são breves quando comparados com os que já passaram, que problemas como a progressiva falta de saúde ou a abundância de tempo disponível para ocupar, são desafios constantes, em que medida o casamento poderá proporcionar ou ser um meio de realização de expectativas, necessidades e interesses individuais? Do nosso ponto de vista, a reforma e o processo de envelhecimento em geral realçam o papel adaptativo da comunicação entre marido e mulher, tanto mais que há decisões a tomar que frequentemente envolvem os dois e que fazem dessa comunicação um instrumento crucial de entendimento construtivo. Viver o período da reforma e envelhecer ao lado de alguém com quem se comunica dessa forma constitui, sem dúvida, uma oportunidade real para se experimentar e partilhar sentimentos de preocupação mas também de felicidade mútua, constituindo uma fonte de bem-estar e uma chave para uma velhice compensadora.

Ocupação do tempo e relações sociais
O uso a dar ao (muito) tempo que antes era consagrado à actividade profissional e a manutenção das relações sociais, são dois dos aspectos acerca dos quais existe maior consenso enquanto preocupações partilhadas pela maioria dos reformados.

Se em alguns casos (a minoria), a ocupação do tempo é devidamente planeada antes da passagem à reforma, na maioria dos casos trata-se de uma tarefa que os indivíduos procuram resolver unicamente na altura em que se reformam. A selecção de actividades a realizar (sejam elas simples ou complexas) para ocupar o tempo agora sempre livre é, pois, uma das decisões a tomar na sequência da passagem à reforma, acabando por condicionar o ritmo quotidiano de vida na medida em que esta passa a girar, em larga medida, em torno dessas actividades. Não havendo, à partida, actividades "melhores" do que outras (cuidar de netos, aprender a pilotar um avião, viajar, voltar à escola, ajudar outros, fazer jardinagem, etc.), o que importa, segundo Prentis (1992), é que ao escolher tais actividades o reformado não caia numa espécie de "armadilha cronológica", isto é, não fique circunscrito a papéis e a actividades com que se espera que as pessoas ocupem o seu tempo baseadas na idade respectiva. Sabendo-se que, para muitos, o comportamento está directamente associado à idade que possuem, condicionando fortemente a tomada de decisões, assumir padrões de comportamento baseados na idade cronológica poderá significar o abandono puro e simples da possibilidade de certos desempenhos e, com isso, circunscrever a ocupação do tempo disponível a actividades "próprias para a idade" (no caso da velhice, geralmente mais passivas do que activas), ou na pior das hipóteses, remeter o quotidiano a uma espécie de contemplação dos dias que faltam até à morte.

No caso dos reformados, a decisão sobre como usar o tempo para se manter não apenas ocupado, mas acima de tudo *ocupado e satisfeito*, é da maior importância. A abundância de tempo livre na reforma apenas ganha algum significado se o indivíduo cuidar com algum detalhe das actividades que pretende desenvolver. Na formulação de planos para a reforma, para além do risco que constitui a armadilha cronológica já antes falada, é igualmente conveniente que a pessoa dê atenção a alguns outros aspectos: os seus interesses são de tipo solitário ou necessita de outros por perto para se sentir bem? São interesses sazonais ou estendem-se a todo o ano? Exigem uma ocupação a tempo inteiro ou umas horas por semana bastam? Implicam gastos financeiros elevados ou nem por isso?

Por exemplo, a este último respeito, sendo verdade que muitos reformados não têm dinheiro suficiente que lhes permita desenvolver actividades "fora da rotina", facilmente diríamos que há actividades e contextos que não custam dinheiro, a começar pela manutenção de relações sociais com outras pessoas. Esta afirmação deve, contudo, ser encarada com alguma cautela. Em Portugal, autores como Barreto (1984) e Paúl (1996) sugerem que a solidão originada pela reforma apresenta nível mais elevados em classes mais baixas, dado haver poucos interesses específicos e uma baixa capacidade de ocupação em actividades que proporcionem satisfação pessoal, o que poderá estar relacionado tanto com a fraca (ou inexistente) escolaridade, como com a falta de experiência anterior na realização de actividades de ocupação de tempos livres. Assim, tudo indica que pessoas com habilitações mais baixas e que (também por esse motivo) tiveram profissões menos diferenciadas no passado, correm o risco de apresentar uma também mais baixa capacidade de envolvimento em tais actividades. O inverso passa-se, naturalmente, com as pessoas que possuem habilitações e que exerceram profissões mais diferenciadas, as quais estarão mais capazes de auto-dirigirem o seu comportamento, de verem a passagem à reforma como um desafio e uma oportunidade para a concretização de interesses pessoais previamente existentes.

Por vezes, acontece que a reforma proporciona a adesão a novos interesses e a novas actividades, muito embora aspectos como o envolvimento contextual e o padrão de vida prévio sejam determinantes. Quanto ao primeiro, vivendo em lugares que ofereçam maior variedade de ocupação do tempo livre, "novas descobertas" são mais fáceis de acontecer do que vivendo em lugares mais despojados de oportunidades. Por outro lado, dado que todos nós somos, de algum modo, criaturas de hábitos – não ignorando que tais hábitos reflectem traços de personalidade e uma atitude geral face à vida –, a ocupação do tempo durante a reforma acabará por reflectir, naturalmente, padrões de ocupação do tempo livre que adquirimos e desenvolvemos ao longo da vida, ou seja, uma pessoa com predisposição prévia para a "aventura" tenderá a acentuar as actividades relacionadas com esse padrão, ao passo que uma pessoa de estilo sedentário mais facilmente irá encarar a reforma como um "tempo de descanso".

Entretanto, temos observado, com uma frequência cada vez maior, o envolvimento de indivíduos reformados em actividades de voluntariado, dos mais variados géneros, sendo múltiplas as vantagens que daí podem ser retiradas. De facto, ser voluntário, numa base regular, proporciona estrutura à vida do indivíduo, confere-lhe sentido e objectivos e, para além de tudo isto, favorece o estabelecimento de relações e facilita a interacção no seio da comunidade, fazendo o indivíduo sentir-se verdadeiramente comprometido com essa mesma comunidade e útil socialmente. Tudo isto não é, porém, alcançado de forma automática, implicando algum tipo de continuidade e de escolha; se o objectivo for apenas "encher" uma manhã ou uma tarde por semana com alguma actividade de serviço aos outros, então é provável que qualquer coisa sirva; pelo contrário, se o objectivo for mais vasto, então é conveniente prever uma ocupação de tempo mais significativa e ser selectivo, procurando uma combinação adequada entre as características pessoais e a actividade de voluntariado a realizar.

Para além dos comportamentos individuais de ocupação do tempo, a dimensão relacional assume igualmente um importante papel na adaptação à reforma. De facto, uma das principais preocupações que muitas pessoas exprimem quando pensam na reforma é o receio de perder os amigos que fizeram no local de trabalho ao longo dos anos; Prentis (1992) considera mesmo que a influência subtil dessas relações sobre o bem-estar individual é uma das variáveis mais significativas para explicar o ajustamento mais ou menos satisfatório à condição de reformado. Paúl (2001) também sublinha que a manutenção de relações sociais no decurso do tempo de reforma é um factor protector da saúde mental dos indivíduos; se isto é assim durante toda a vida, torna-se algo ainda mais relevante em fases de maior vulnerabilidade, como sucede no envelhecimento. Pela nossa própria experiência constatamos que, ao longo da vida, as redes sociais mudam de acordo com os contextos familiares, de trabalho e de vizinhança, entre outros; um acontecimento como a passagem à reforma é susceptível de alterar profundamente essas redes, desagregando-as ou reorganizando-as, em todo o caso modificando-as. A existência destas redes são uma condição essencial para assegurar a autonomia dos indivíduos reformados, um auto-conceito positivo e uma maior satisfação de vida, condições indispensáveis para se alcançar uma adaptação bem sucedida à reforma.

Saúde
Sem margem para dúvidas, a saúde é claramente um importante recurso adaptativo para os reformados, independentemente da sua origem social, cultural e económica, ganhando um papel cada vez significativo à medida que a idade avança. No que diz respeito à passagem à reforma, Ekerdt (1987) considera que prevalece uma tendência para se encarar essa transição como um acontecimento susceptível de provocar um impacto negativo na saúde dos indivíduos, tendência essa que encontra a sua origem quer numa visão de senso comum (de que o ditado "o trabalho dá saúde" é porventura o melhor exemplo), quer numa visão de "celebração das virtudes do trabalho", alimentando uma série de expectativas negativas acerca da transição para um estado de "inactividade", logo, potencialmente gerador de doenças e de mal-estar físico e psicológico. A verdade é que as pesquisas que têm sido efectuadas reportando-se aos efeitos directos da reforma no estatuto de saúde individual apresentam resultados contraditórios e difíceis de sumariar, muito embora os dados apontem no sen-

tido de não se encontrar uma correlação directa entre passagem à reforma e empobrecimento de saúde, pelos menos nos anos iniciais de reforma. Disso são exemplo os estudos que passamos a descrever.

Nos Estados Unidos, Midanik, Soghikian, *et al.* (1995) efectuaram um estudo comparativo entre 320 indivíduos reformados e 275 indivíduos não reformados, com idades compreendidas entre os 60 e os 66 anos, para avaliar dimensões relativas quer à saúde física e mental percebidas, quer a hábitos de vida, não tendo encontrado quaisquer diferenças entre os dois grupos, seja em medidas de saúde percebida, seja em medidas como depressão, consumo de álcool e tabaco, entre outras. Os autores do estudo concluem sublinhando a importância de se avaliar não os potenciais aspectos negativos mas, antes, os benefícios positivos associados à reforma, procurando compreender em que medida esses benefícios persistem ao longo do tempo. É nesse sentido que vai o estudo realizado na Suécia por Andersson (2002), a partir de dados estatísticos recolhidos através do "Inquérito Nacional de Condições de Vida" junto de cerca de 18.000 indivíduos com idades compreendidas entre os 45 e os 84 anos. O autor analisou esses dados em 1988-1989 e em 1994-1997, tendo constatado que o nível de saúde percebida nos indivíduos reformados se mantinha bastante homogéneo nos dois momentos de observação, ou inclusive melhorava, como se os indivíduos reformados gozassem de uma cada vez melhor condição de saúde.

Também nós próprios (Fonseca & Paúl, 2003) tivemos ocasião de realizar um estudo comparativo sobre esta matéria entre 50 indivíduos reformados e 50 indivíduos não reformados, de ambos os sexos, vivendo nas suas residências em Portugal. Os indivíduos reformados encontravam-se nessa situação há pouco tempo (menos de um ano) e os indivíduos não reformados eram trabalhadores a tempo inteiro. Os resultados mostraram não haver diferenças relevantes entre indivíduos reformados e não reformados acerca da percepção que têm da respectiva saúde. No entanto, também verificámos que os indivíduos reformados queixavam-se mais acerca da saúde nos meses seguintes à passagem à reforma, enquanto as queixas dos indivíduos não reformados remontavam a um período de tempo mais longo. O aumento da frequência de queixas relativas à saúde na sequência da passagem à reforma foi igualmente verificado por Jones & Meredith (2000), para quem há períodos do ciclo de vida em que a saúde dos indivíduos pode declinar, temporária ou permanentemente, devido à orientação (ou re-orientação) de si mesmos para novos papéis e responsabilidades, constituindo o período de entrada na reforma um desses momentos.

No que diz respeito, especificamente, aos efeitos da reforma sobre a saúde mental dos indivíduos, Barreto (1984) e os já citados Midanik, Soghikian, *et al.* (1995) consideram ser muito difícil extrair conclusões dos resultados das pesquisas publicadas, dado terem sido realizadas em condições muito diversas e sem uniformidade de critérios. Assim, enquanto alguns desses estudos concluem "que não há fundamento para se afirmar que a reforma tem efeitos negativos sobre a saúde em geral, e a saúde psíquica em particular" (Barreto, 1984, p. 151), outros estudos consideram mesmo que "é mais frequente a perturbação psíquica preceder a reforma que o contrário" (p. 151), o que leva o autor a concluir, pois, que "tratando-se de uma transição que comporta ganhos e perdas, o resultado final depende muito da personalidade e de outras circunstâncias individuais; se [a reforma] pode, para algumas pessoas, constituir um motivo de "stress", com a maioria isso não acontece" (Barreto, 1984, p. 151).

A esta luz, Barreto (1984) considera ser complexa a relação entre perturbação psíquica e reforma, "por certo não redutível a formulações globais em termos de causalidade directa num ou noutro sentido" (p. 336). Assim, quando o indivíduo padece de situações de deterioração mental precoce, a passagem à reforma pode ser mais uma consequência do que uma causa das alterações psíquicas, mas também é certo que pode suceder o processo inverso, ou seja, muitos homens (sobretudo) assinalam o início das suas perturbações (geralmente de tipo neurótico ou depressivo) numa ocasião posterior à reforma. A partir dos dados por si recolhidos, o autor afirma que "a reforma parece ter um papel importante nos homens, na génese de situações de neurose tardia e depressão, e que em tal processo estão talvez implicadas a dependência económica a que o reformado fica eventualmente sujeito, em relação a terceiras pessoas, e a diminuição dos contactos com outrem ao longo do dia" (Barreto, 1984, p. 337). O mesmo autor adverte, no entanto, que esta ideia só poderá ser efectivamente comprovada através de estudos longitudinais ou sequenciais, observado os mesmos indivíduos antes e depois da cessação da actividade profissional.

Muitas vezes, porém, torna-se difícil estabelecer uma relação clara entre um dado acontecimento de vida e o respectivo impacto sobre a saúde, não sendo fácil distinguir entre os efeitos que podem ser atribuídos ao acontecimento e os efeitos decorrentes de outras variáveis que agem em simultâneo. No diz respeito à reforma, designadamente, é frequente encontrar estudos que não têm em atenção a diferenciação que, ao nível dos efeitos sobre a saúde, convém fazer entre duas situações: a reforma como uma *transição* e a reforma como um *estado*. Para Bossé, Aldwin, *et al.* (1991), os eventuais efeitos negativos da reforma sobre a saúde podem ter uma interpretação substancialmente diferente se forem lidos à luz de uma reacção recente à reforma, ou se, pelo contrário, os lermos no quadro de uma situação de vida já há muito devidamente "instalada" na reforma. Assim, no primeiro caso, o stresse experimentado por reformados recentes (desde há um ano, nomeadamente) pode, com efeito, induzir estados de saúde percebida e de saúde real efectivamente correlacionados com essa situação de transição. No segundo caso, todavia, o facto de se estar reformado há já algum ou mesmo há bastante tempo acaba, provavelmente, por não constituir uma variável de correlação significativa com a saúde percebida ou com outros indicadores mais objectivos, sendo bem mais relevante a acção de factores inerentes ao processo de envelhecimento que acompanha a condição de reformado (Bossé, Aldwin, *et al.*, 1991).

Ao contrário do que se possa pensar, a acção destas variáveis de ajustamento não é linear ao longo da reforma, parecendo que o *tempo de reforma* age como uma espécie de efeito moderador. Assim, verificam-se diferenças consoante estejamos perante reformados recentes ou reformados há mais tempo; por exemplo, enquanto alterações de saúde provaram ter um impacto negativo semelhante nos dois grupos de reformados, o efeito de outras variáveis, como as relações sociais ou os rendimentos disponíveis, é claramente diferenciado consoante o tempo de reforma já decorrido (Szinovacz & Washo, 1992). Especificando um pouco mais, enquanto para os reformados recentes manterem-se com saúde, activos e com relações sociais frequentes, parece ser determinante para o respectivo sucesso adaptativo, nos reformados mais velhos a incidência destas variáveis tem um impacto bastante diferenciado de pessoa para pessoa, influenciado, nomeadamente, pela exposição a outros acontecimentos de vida característicos do período do ciclo de vida durante o qual a reforma decorre, isto é, a velhice.

4. Padrões de Transição-Adaptação à Reforma

4.1. Diferenças na transição-adaptação à reforma
Vimos, até agora, que a passagem à reforma traduz-se num processo ao longo do qual, passo a passo, a pessoa procura que tal acontecimento não ponha em causa a sua identidade. O modo como se enfrentam e se resolvem os desafios colocados por esta situação de transição dependerá, em larga medida, das condições que a rodeiam e de uma série de variáveis de natureza individual e social, mais ou menos facilitadoras do respectivo sucesso adaptativo.

Tomando por referência um estudo realizado junto de uma amostra de 502 portugueses reformados (Fonseca, 2004), passaremos, em seguida, a analisar diferentes resultados adaptativos face a este acontecimento de vida mediante a consideração de três dimensões de natureza psicológica: *motivações para a reforma, satisfação com a vida, factores de bem-estar*. Através da avaliação conjunta destas dimensões, procederemos no final à delimitação e caracterização de padrões de transição-adaptação à reforma, aplicados à população portuguesa.

Numa perspectiva de ciclo de vida, proceder à formulação de *padrões de transição-adaptação* à reforma implica, necessariamente, a consideração não apenas do acontecimento *passagem à reforma* em si mesmo, mas igualmente dos antecedentes e das consequências de tal acontecimento na vida de quem o experimenta. Por exemplo: o que significava o trabalho para o indivíduo? Que satisfação lhe dava? Qual a identidade social proporcionada pelo papel profissional? O que se perde e o que se ganha com a reforma? Com efeito, levar em linha de conta estas questões é essencial para se compreender a forma como a pessoa se adapta à nova condição de vida. Sendo certo que a maioria das pessoas não está permanentemente a questionar-se sobre a importância do trabalho na sua vida, o advento da reforma é uma ocasião propícia para a emergência de sentimentos mistos (ora de alívio, ora de pena por se abandonar a vida profissional), susceptíveis de provocarem ansiedade. O trabalho estrutura, organiza o quotidiano, dá-lhe um sentido, ao passo que a reforma envolve sempre algum grau de incerteza, não havendo propriamente modelos do que é uma "boa reforma" aos quais a pessoa possa recorrer para se orientar. Em larga medida, recorde-se, caberá sempre ao próprio reformado definir em larga medida a "vida de reformado" que pretende ter.

A verificação de diferenças efectivas e sensíveis na forma como os indivíduos lidam com o processo de transição-adaptação desenvolvimental subjacente à reforma, em função das dimensões *motivações para a reforma*, *satisfação com a vida* e *factores de bem-estar*, constitui uma evidência real acerca da influência das condições vividas quer antes da passagem à reforma, quer depois da passagem à reforma, no impacto que tal acontecimento provoca na vida dos indivíduos.

4.1.1. Motivações para a reforma

Dada a importância que a vida profissional assume na sociedade contemporânea, a avaliação das percepções e dos sentimentos associados à vida profissional anterior, bem como dos eventuais motivos inerentes à passagem à reforma (stresse profissional, pressões externas, circunstâncias imprevistas, desenvolvimento de interesses pessoais), permite compreender melhor em que medida esta transição adquire, ou não, um carácter *stressante*.

Assim, a partir do estudo realizado (Fonseca, 2004), podemos concluir que o abandono da vida profissional e a entrada na reforma revela-se, para os reformados portugueses, um efectivo marco desenvolvimental por meio do qual a vida ganha "um novo sentido" (ora mais positivo, ora mais negativo...). Para além disso, correspondendo a amostra do estudo à tendência contemporânea segundo a qual a passagem à reforma sucede cedo no ciclo de vida dos indivíduos (a média etária é de 67 anos, não obstante o grupo de indivíduos com tempo de reforma superior a 10 anos ser o mais numeroso), tudo indica que os portugueses sentem-se recompensados por poderem contar com uma "reforma paga" no fim da vida profissional, quase sempre vestindo a pele de reformados (ou de seniores, recorrendo a um eufemismo comum nos dias de hoje) sem qualquer desconforto.

Apesar de a sua ocorrência coincidir no tempo com outros acontecimentos de vida característicos da meia-idade e do processo de envelhecimento, estamos convencidos que a passagem à reforma ganha, no entanto, uma importância especial como *momento de viragem* na vida dos portugueses, assinalando para a maioria deles o "início da velhice", designadamente, sob o ponto de vista social. De facto, em mais nenhuma outra esfera da vida encontramos um acontecimento que de forma tão clara se identifique com o envelhecimento (em maior ou menor grau vamos adoecendo em diferentes momentos da vida, a saída dos filhos de casa não significa o fim da relação com os mesmos, e acontecimentos como a viuvez ou a perda de vigor físico não acontecem apenas ao fim de 'x' anos), representando o fim de uma etapa e o início de outra. Trata-se, contudo, de um momento de viragem perfeitamente normativo e que parece não se traduzir numa ocasião particular de sofrimento. Na verdade, não encontramos neste estudo indicações de que a passagem à reforma seja um acontecimento particularmente *stressante* no âmbito do ciclo de vida dos indivíduos. Para a larga maioria deles, trata-se de um acontecimento visto como inevitável na sua história pessoal, aguardado com maior ou menor expectativa mas pouco receado, e desejado até, sobretudo na medida em que a retirada da vida profissional permite a "liberdade de uso do tempo" e a concretização de "interesses pessoais".

É verdade que, em alguns casos, a continuação da vida profissional para além da hora em que a reforma se torna possível, equivale a uma opção que tem na base motivações de natureza económica ou mesmo psicológica (permanecer no trabalho pode ser mais vantajoso do que retirar-se da vida profissional para as pessoas que encaram a vida profissional como "a essência da vida"); para a generalidade dos portugueses, contudo, estamos convictos que o abandono da vida profissional não traduz um risco acrescido para a respectiva identidade pessoal. À luz dos dados recolhidos, partilhamos por isso a opinião de Taylor-Carter & Cook (1995): a passagem à reforma corresponde, para a maioria das pessoas, a uma bem-vista mudança de papel social e de ocupação quotidiana, as quais aceitam com tranquilidade os ganhos e as perdas inerentes a essa mudança e procuram, sobretudo numa fase inicial, realçar os ganhos que daí advêm.

Falando de ganhos, constatamos que os *interesses pessoais* surgem como a razão para a reforma que maior importância adquire (nos "interesses pessoais" incluem-se itens como "mais tempo livre" ou "passar mais tempo com a família"), verificando-se também que essa vontade em concretizar interesses de ordem pessoal ganha um particular destaque entre os indivíduos mais novos (50-64 anos), com escolaridade mais elevada e que exerceram anteriormente profissões mais diferenciadas. Não surpreende que os reformados mais novos sejam aqueles que mais acentuam os interesses pessoais como a principal motivação para a reforma, o que pode ser explicado devido à expectativa por eles alimentada em como a reforma vai abrir tempo e espaço para a concretização de interesses já existentes ou para a adesão a novas actividades, sem que os constrangimentos da idade constituam uma limitação (é legítimo pensar em termos de "*ainda* tenho idade para..." em vez de "*já não* tenho idade para..."). Como assinalámos anteriormente, uma "reforma na casa dos 50" pode ser algo assustador quando o trabalho constitui um dos principais ou mesmo o principal sentido para a vida, surgindo inevitavelmente a ideia de reforma associada aos estereótipos da velhice. Mas uma "reforma na casa dos 50" (ou até na "casa dos primeiros 60") pode também ser uma excelente oportunidade para fazer da vida algo mais do que alimentar a rotina "casa-trabalho-casa", permitindo encarar o período da reforma como uma etapa do ciclo de vida onde se torna possível a concretização de sonhos, projectos e actividades de variada ordem.

A propósito, Prentis (1992) e Szinovacz (2001) defendem que este potencial efeito positivo só se verifica quando é o próprio trabalhador "ainda não idoso" que escolhe o caminho da reforma. No caso português, porém, esta questão relativa à idade parece irrelevante, reforçando a ideia de que os trabalhadores portugueses que se reformam prematuramente – antes dos 65 anos, a "idade clássica" para a ocorrência deste acontecimento – assumem bem o papel de reformados e procuram extrair daí as melhores vantagens, nomeadamente, em termos da concretização de interesses pessoais. Esta dissonância com a ideia preconizada pelos autores norte-americanos atrás referidos resulta, provavelmente, de uma diferente atitude dos trabalhadores portugueses e norte-americanos face à vida profissional.

Numa investigação de cariz sociológico sobre as atitudes sociais dos portugueses, Ramos (2000) explorou precisamente a centralidade relativa do trabalho entre os portugueses, avaliando a posição por ele ocupada no quadro de uma série de actividades da vida quotidiana (o emprego, a família, os amigos, os tempos livres), tendo como ponto de referência o tempo dedicado a essas actividades. A autora verificou que "a distribuição das respostas da amostra nacional revelou duas atitudes diferentes, consoante as dimensões da vida consideradas: por um lado, a vontade de dedicar menos tempo ao emprego; por outro, a vontade de ocupar mais tempo com a família, os tempos livres e os amigos" (Ramos, 2000, p. 57). Juntando a este dado uma segunda conclusão retirada pela autora através da análise das inter-relações entre a centralidade destes diversos planos da vida pessoal – "em que o trabalho surge negativamente correlacionado com as restantes dimensões da vida" (Ramos, 2000, p. 58) –, vemos como, para o comum dos cidadãos portugueses que trabalham, é muito forte o desejo de viver o dia-a-dia sem obrigações de natureza profissional, permitindo dessa forma dedicar mais tempo à família, aos amigos e aos tempos livres, aspectos que se abrigam, justamente, debaixo da nossa categoria "interesses pessoais". Deste modo, a passagem à reforma é um acontecimento de vida que se *arrisca* a ser bem acolhido pelas pessoas, independentemente da "hora" em que sucede, desde que os rendimentos económicos disponíveis sejam vistos como suficientes para a gestão da vida quotidiana.

Também não surpreende, por outro lado, que sejam os indivíduos mais diferenciados em termos socioculturais (traço geral derivado da escolaridade e da profissão anterior), aqueles para quem os interesses pessoais são a motivação mais forte invocada para a passagem à reforma. Tal como a relação das pessoas com a profissão é uma relação que gira em torno do significado que o trabalho adquire para cada um (realização pessoal, modo de ganhar a vida, utilidade social, etc.), a reforma não significa apenas "deixar de trabalhar", supondo igualmente a implementação de uma série de desejos e a emergência de uma série de oportunidades que acabam por reflectir, naturalmente, a origem sociocultural dos indivíduos.

Partindo do princípio que indivíduos de classes mais baixas (caracterizados por uma fraca escolaridade, por menores recursos económicos e por um pobre ou nenhum envolvimento em actividades de ocupação de tempos livres) apresentam habitualmente menos interesses específicos, não seria de esperar que fossem os indivíduos com menor escolaridade e com profissões anteriores menos diferenciadas aqueles para quem os "interesses pessoais" fossem a principal motivação para se reformarem, mas sim (como de facto se verifica) aqueles indivíduos com uma origem sociocultural mais alta. Para estes, a oportunidade de concretizar interesses extra-profissionais (já existentes ou novos) no tempo agora disponível, é vista como uma mais-valia que decorre precisamente do tempo físico ganho com a reforma. Também o valor económico das suas reformas – indivíduos com profissões anteriores mais diferenciadas garantiram salários mais altos durante a vida profissional, a que vão corresponder pensões de reforma também mais elevadas – assegura uma tranquilidade em termos financeiros que facilita e promove a dedicação a actividades culturais ou recreativas, as quais, não raro, têm custos que são insustentáveis para o orçamento dos indivíduos reformados provenientes de classes sociais mais baixas.

No caso português, esta variável de ajustamento à reforma e ao processo de envelhecimento tem-se revelado sempre da maior importância para o respectivo sucesso adaptativo (Barreto, 1984; Paúl, 1992). O presente estudo não é excepção: como já vimos e continuaremos a ver, o estatuto educacional e socioeconómico revela-se determinante e constitui um dos principais factores de diferenciação dos indivíduos em termos adaptativos. Esta conclusão corresponde, no fundo, tanto à convicção de Prentis (1992), para quem "as nossas reformas serão tão individualizadas quanto o foram as nossas experiências de vida prévias" (p. 10), como à opinião de Burgess, Schmeeckle & Bengtson (1998), para quem a diversidade das nossas histórias de vida enquanto trabalhadores vai afectar, necessariamente, as nossas histórias de vida como reformados.

Partindo do princípio, então, que a nossa condição de trabalhadores foi diferente, que não nos reformamos todos com as mesmas expectativas e que a passagem à reforma não nos faz cair num vazio existencial, faz sentido analisar qual o grau de satisfação com a vida que retiramos desta transição e da nova condição de vida que daí emerge.

4.1.2. Satisfação com a vida
Desde o início desta obra que a análise da problemática da reforma sob o ponto de vista psicológico levou-nos a considerar que tanto o momento da passagem à reforma, como o processo de adaptação que lhe está inerente, poderão repercutir-se em termos da satisfação com a vida. Entendendo a satisfação com a vida como a avaliação que as pessoas fazem da

vida como um todo, reflectindo a discrepância percebida entre as aspirações e as realizações (Paúl, 1992), a avaliação da satisfação que o indivíduo reformado retira da sua actual condição de vida será feita procurando analisar essa satisfação a partir de domínios concretos da sua vida quotidiana (casamento, vida familiar, condições materiais, saúde, ocupação do tempo).

Para a maioria das pessoas, a passagem à reforma não assinala apenas o fim da actividade profissional, é também o fim de um período longo que moldou o quotidiano, podendo tornar-se ora uma ocasião de ganhos, capazes de assegurarem a manutenção ou até o aumento da satisfação com a vida, ora uma ocasião de perdas, provocando uma diminuição dessa satisfação. O que nos dizem os dados do estudo que realizámos? Em primeiro lugar, dizem-nos que os reformados portugueses avaliam a respectiva satisfação com a vida como "razoável". Tendo em conta a generalidade dos estudos realizados na população portuguesa versando esta dimensão, afirmando-se *razoavelmente satisfeitos* com a vida que levam, os reformados portugueses acabam por reflectir o sentimento geral da população portuguesa. Todavia, quando comparados a este respeito com reformados de outros países europeus (Fouquereau, Fernandez, Fonseca, *et al.*, 2005), os reformados portugueses apresentam um índice mais baixo de satisfação com a vida, o que, segundo os autores, ficará a dever-se tanto a aspectos de natureza económica ou com eles directamente relacionados, como a aspectos relativos à personalidade, à vida social e ao estilo de vida.

O domínio que aparentemente mais contribui para a satisfação dos reformados portugueses é a "residência e vida familiar", o que reforça novamente as conclusões obtidas no estudo de âmbito nacional, já aqui referido, sobre as atitudes sociais dos portugueses. Nele, Ramos (2000) constata que a família é, simultaneamente, o plano da vida com maior centralidade na vida das pessoas e aquele onde a interacção pessoal ganha maior significado, algo que se confirma plenamente ao verificarmos que os reformados casados e que vivem com a família mais próxima (cônjuge e/ou filhos) revelam uma satisfação com a vida mais elevada.

Já a "saúde física" é o domínio que mantém com a satisfação uma relação menos favorável. Esta conclusão vai ao encontro da opinião de autores como Quick & Moen (1998), que defendem ser bastante forte a correlação que, sobretudo a partir da meia-idade e nos indivíduos reformados de ambos os sexos, existe entre saúde e satisfação com a vida, ou Szinovacz & Washo (1992), para quem as alterações de saúde que ocorrem inevitavelmente na "idade da reforma", associadas não à reforma mas sim ao processo de envelhecimento, exercem um impacto negativo na satisfação dos indivíduos reformados.

Um dado bastante relevante para a compreensão dos mecanismos adaptativos à reforma é a evidência da diminuição da satisfação com o aumento da idade cronológica, verificando-se uma clara delimitação entre dois grupos de indivíduos reformados: um mais novo, entre os 50 e os 64 anos, na fronteira da meia-idade com a velhice (mais satisfeito com a vida actual); outro mais velho, acima dos 75 anos e a experimentar já plenamente a condição da velhice (menos satisfeito com a vida actual). Múltiplas razões poderão ser avançadas para explicar o porquê da menor satisfação nos reformados mais idosos (saúde pobre, redução de autonomia, viuvez, perda de contactos sociais por morte dos pares, etc.), valendo a pena reflectir também num aspecto já aqui várias vezes focado e que se prende com o efeito cumulativo exercido pelos vários acontecimentos de vida que vão ocorrendo após a passagem à reforma. Assim, cruzando os resultados obtidos "em função da idade" e "em função do tempo de reforma", verificamos que o empobrecimento da satisfação com a vida observa-se sobretudo nos indivíduos com mais de 75 anos de idade e com mais de cinco anos de reforma. Isto parece indicar que os primeiros anos de vida após a passagem à reforma são um tempo em que se consegue lidar com as circunstâncias do dia-a-dia sem que elas se repercutam negativamente na satisfação com a vida. O mesmo já não sucede, porém, alguns anos após a passagem à reforma, tudo indicando que factores ligados não propriamente à transição da vida profissional para a vida de reformado, mas, antes, ao decurso normal do processo de envelhecimento, acabam por condicionar a satisfação com a vida.

Estas diferenças relativamente à satisfação com a vida, consoante estejamos perante reformados recentes ou reformados há mais tempo, foram sublinhadas também por Szinovacz & Washo (1992), para quem as alterações de saúde têm um impacto negativo semelhante nos dois grupos de reformados, enquanto o efeito de variáveis mais ligadas à velhice (como a redução de contactos sociais ou a alteração da composição familiar) incide particularmente em pessoas com maior tempo de reforma já decorrido, logo, mais idosas. Num plano de análise mais amplo, faz todo o sentido, a este propósito, sublinhar a visão holística sobre o perfil de envelhecimento preconizada por Baltes & Smith (2003), segundo a qual as pessoas situadas na "3ª idade" (a que corresponderia aqui o nosso grupo de indivíduos mais novos e reformados há menos tempo) mostram uma elevada capacidade para regular o impacto subjectivo da maioria das perdas que vão ocorrendo, preservando a sua condição psicológica. Já as pessoas situadas na "4ª idade" (a que corresponderia aqui o nosso grupo de indivíduos mais velhos e reformados há mais tempo) vêem todos os seus sistemas comportamentais dirigir-se em direcção a um perfil cada vez mais negativo, tendência que se acentua com a ocorrência de patologias e cujos reflexos acabam por fazer-se sentir em termos da satisfação com a vida e do bem-estar psicológico.

Merecem igualmente uma atenção especial as diferenças observadas "em função do género" e "em função do estado civil". Assim, os homens revelam maior satisfação com a vida do que as mulheres, fazendo derivar muita dessa satisfação precisamente do casamento. Porque estão os homens mais satisfeitos com a nova condição de vida? Qual a razão para que seja o casamento a contribuir significativamente para essa maior satisfação?

Há mais de duas décadas atrás, Barreto (1984) identificara já diferenças claras de género quanto ao modo de encarar a reforma entre os habitantes idosos do concelho de Matosinhos, surgindo a reforma como a principal causa de sentimento de solidão nos homens (nas mulheres a solidão andaria sobretudo associada à viuvez). Para Barreto, a solidão experimentada pelos homens estaria ligada à perda de uma função definida, produtiva e útil na sociedade, resultante de uma privação (deixar de trabalhar, logo, de ganhar dinheiro). No sexo masculino, encontravam-se ainda elevadas correlações entre reforma e dependência económica, redução das relações sociais e diminuição dos contactos diários. Vemos, pois, que os resultados obtidos por Barreto (1984) constatando um efeito negativo e directo da passagem à reforma sobre a satisfação com a vida nos homens, são agora contrariados pelos resultados a que chegámos com o nosso estudo (Fonseca, 2004).

Esta discrepância é compreensível se atendermos a que a generalidade dos homens que faziam parte da amostra masculina do estudo de Barreto provinha de classes sociais baixas, para quem o "trabalho" (mesmo se de tipo pouco diferenciado) foi provavelmente a única dimensão socializadora das suas vidas. A retirada do mundo do trabalho traduzia-se num choque para a imagem de si próprios enquanto "indivíduos activos", por reduzir significativamente as relações sociais organizadas em torno do papel de trabalhador e, obviamente, por significar uma perda de poder económico, cada vez mais acentuada com o passar dos anos. Pelo contrário, para a quase totalidade das mulheres incluídas nesse estudo, a profissão funcionaria como um elemento subsidiário às respectivas actividades domésticas e de educação dos filhos, em muitos casos seguramente uma fonte de canseiras e de "duplo trabalho" (em casa e fora dela). Para a generalidade dessas mulheres, o "regresso a casa" não terá implicado, certamente, qualquer sentimento de frustração ou de menor competência pessoal, sendo até ansiosamente desejado ao longo dos anos. O facto de, no nosso estudo, estarmos perante homens e mulheres substancialmente diferentes do grupo avaliado por Barreto, terá decerto contribuído para esta inversão de resultados.

A verificação de que o casamento contribui, significativamente, para a maior satisfação com a vida entre os homens reformados, reforça o que aqui já escrevemos sobre a importância do casamento na vida após a passagem à reforma, sobretudo nos homens. Às mesmas conclusões chegou Calasanti (1996), que defende ser o estatuto conjugal a principal protecção dos homens face aos efeitos nocivos do envelhecimento: o casamento seria o meio pelo qual o homem idoso consegue evitar a solidão e exercer um controlo passivo sobre o ambiente. Trata-se de um processo que o autor demonstrou ser mais frequente nos indivíduos reformados casados e que se acompanha, habitualmente, por um reforço da ligação ao cônjuge, adquirindo mesmo, por vezes, um cariz de dependência em relação à mulher. Se é verdade que a convivência entre marido e mulher, numa base constante e permanente, também pode ser causa de conflito e desconforto, Johnston (1990) mostrou que os homens parecem estar mais satisfeitos com a nova condição de vida do que as suas mulheres, enquanto Vinick & Ekerdt (1991) evidenciaram que a participação dos homens nas tarefas domésticas aumenta. O mesmo sucede, na maioria dos casais, quanto à realização conjunta de actividades de lazer, sendo mais os motivos de satisfação do que de insatisfação, tanto para os homens reformados como para as respectivas mulheres.

4.1.3. Factores de bem-estar

Uma resposta adaptativa consistente e "a longo prazo" à condição de reformado implica, necessariamente, o recurso a uma gama ampla e variada de recursos que permitam ao indivíduo experimentar e sentir que as suas necessidades de bem-estar individual estão a ser correspondidas no dia-a-dia. De facto, o impacto que tanto a passagem à reforma como a condição de "reformado" exercem sobre a vida psicológica dos indivíduos, pode ser analisado atendendo ao padrão de ocupação do tempo e às actividades a que o indivíduo recorre no sentido de o preencher, pelo que faz todo o sentido analisar em que medida essa ocupação e essas actividades se repercutem sobre o bem-estar dos indivíduos, ou por outras palavras, determinar quais são os *factores de bem-estar* durante a reforma.

Numa visão optimista do processo de "transição-adaptação" à reforma, o abandono do mundo do trabalho deveria conduzir à experimentação de novas modalidades de obtenção de prazer e bem-estar, que garantissem um ânimo elevado. Porém, isto não sucede assim com todas as pessoas, verificando-se diferenças assinaláveis na forma como elas lidam com o processo de "transição-adaptação" à reforma, por diversos motivos: seja porque descobrem que a condição de reformado não é particularmente estimulante e afundam-se em estados de tipo depressivo, seja pela incapacidade de lidar com uma situação que envolve diversas mudanças em simultâneo, seja porque não conseguem compensar as perdas ligadas à vida profissional com ganhos ligados à reforma, seja, finalmente, porque a passagem à reforma acaba por ganhar o significado de "entrada na velhice", arrastando consigo todo um cortejo de estereótipos erguido em torno de sentimentos negativos.

De acordo com o estudo que aqui nos tem servido de referência (Fonseca, 2004), numa coisa os reformados portugueses estão de acordo: *a liberdade e o controlo da vida pessoal* (factor a que estão associados aspectos como a dedicação a interesses pessoais, poder passar mais tempo com a família e com os amigos, exercer um maior controlo sobre a vida pessoal na ausência da pressão de um emprego, etc.) é o aspecto mais apreciado pelos reformados, aquele que parece tornar a vida mais agradável e ao qual as pessoas mais associam o bem-estar individual. Trata-se de uma conclusão que vem na esteira, aliás, da que fora alcançada por autores como Prentis (1992) e Richardson (1993), que verificaram que o aspecto positivo mais insistentemente referido como resultante da nova condição de vida ligava-se, sem dúvida, à "liberdade de uso do tempo", à "autonomia para tomar decisões e controlar a própria vida", ao "reforço dos contactos familiares e sociais", bem como à possibilidade de ocupação do tempo disponível com "actividades gratificantes e úteis" sob o ponto de vista pessoal e social, respectivamente.

Neste aspecto, nada há, então, que distinga os reformados portugueses dos reformados dos restantes países que partilham a nossa matriz civilizacional; possuir liberdade e poder controlar a vida pessoal permite ocupar o tempo livre com actividades que cada um selecciona a partir dos seus interesses pessoais, organizando o quotidiano a partir de si mesmo e não em torno de obrigações e constrangimentos impostos por outros. A procura de *objectivos* ou de *sentido para a vida* que está subjacente à *liberdade* e ao *controlo da vida pessoal* pode muito bem ser encarada como estratégia tanto de controlo pessoal sobre o desenvolvimento, como de continuidade e preservação da identidade. Fica bem realçado, assim, o significado que as teorias da acção e do controlo atribuem à adaptação psicológica como o conjunto de actividades, intencionais e planificadas, a partir das quais a pessoa fixa objectivos que lhe permitam assegurar um balanço favorável entre ganhos e perdas desenvolvimentais (Brandtstadter, Wentura & Rothermund, 1999).

Dos restantes *factores de bem-estar* considerados, surgem, embora com menor preponderância, a *ausência de stresse* e as *actividades sociais*. Ao primeiro destes factores ligam-se itens como "menos preocupações" e "vida mais descontraída", enquanto as *actividades sociais* comportam os seguintes aspectos: poder viajar mais, conviver com pessoas reformadas, realizar actividades de lazer, participar em acções de voluntariado. Mas serão os reformados portugueses assim tão activos socialmente? É certo que a "olho nu" verificamos um envolvimento bastante activo de reformados em actividades de convívio e de voluntariado, mas tal ficará certamente a dever-se a características específicas de determinadas pessoas e contextos, estando longe de ser uma tendência generalizada. Aliás, a orientação nacional suportada estatisticamente sobre as relações sociais e de lazer dos idosos portugueses (INE, 2002), sinaliza um índice de participação social relativamente baixo entre a população com mais idade, traduzindo-se numa população de reformados "sonolentos" sob o ponto de vista do convívio com pares e da participação na vida social e cultural do país. Trata-se, no fundo, de uma actualização do conceito de "armadilha cronológica". Ao retirarem maior prazer e bem-estar da ocupação do seu tempo com actividades circunscritas à esfera familiar e caseira, ou de cariz mais estritamente pessoal ("hobbies"), os reformados portugueses poderão estar a assumir um padrão de vida consistente com a imagem que foram interiorizando do processo de envelhecimento, ou seja, um tempo de "descanso", de "convívio privilegiado com a família", de "fruição de prazeres pessoais", sendo menos evidente a opção por actividades de interacção social (com pares, fora da família) e de participação activa na comunidade, tomadas como "desajustadas para a idade".

Por outro lado, na maior parte dos casos, o envolvimento social (ou pelo menos a motivação para ele) é prévio à reforma, sendo depois reforçado pela adesão a determinadas estruturas da comunidade. Por exemplo, as Universidades Seniores promovem a convivialidade através de programas de aprendizagem, de viagens, etc., enquanto a adesão a actividades de voluntariado é favorecida pela inserção das pessoas reformadas em estruturas da Igreja Católica e outras, onde o exercício do voluntariado é estimulado e valorizado. Ainda em relação a este aspecto, se é verdade que a prática regular de actividades de voluntariado ajuda a estruturar a vida, transmitindo-lhe sentido, objectivos e maior ligação à comunidade, também é verdade que, entre os idosos portugueses, a pertença a classes sociais mais elevadas, a experiência de participação anterior e a existência de estruturas formais de enquadramento, funcionam como factores que propiciam um maior envolvimento em acções desta natureza (Antunes, 2001).

Evidentemente que aspectos tão variados como a viuvez, o isolamento físico, a inexistência prévia de participação regular em actividades extraprofissionais, a escassez de hábitos de ocupação do tempo em actividades de participação social e comunitária, a falta de saúde, a redução de mobilidade, a baixa escolaridade e a consequente desvalorização sistemática da cultura "não-televisiva", e, claro, a insuficiência de dinheiro para a implementação de actividades "fora de casa" (viajar, por exemplo), condicionam as opções de uso do tempo disponível. Mas estes factores não justificam tudo. Recorrendo novamente a dados estatísticos nacionais (INE, 2002), é interessante constatar a este propósito que:

- "visitar ou ser visitado por amigos/familiares" é a actividade de cariz relacional e sociocultural que os idosos mais praticaram nos doze meses anteriores ao inquérito de recolha de dados,

- o desinteresse por actividades como ler um jornal ou um livro, ir ao cinema ou mesmo viajar e gozar férias fora de casa, é justificado não só por motivos financeiros mas também por "não sentir necessidade",
- tendo mais tempo disponível, o tipo de ocupações escolhidas seriam "conviver mais com a família" e "não fazer nada, descansar".

Acreditando que nas três alíneas anteriores estão esboçados os focos de prazer mais genuínos dos reformados portugueses actuais, reflectindo as principais necessidades nesta etapa do ciclo de vida e às quais o bem-estar individual mais anda associado, somos levados a concluir que o bem-estar alcançado após e durante a reforma assenta naquelas ocupações que reflectem escolhas e prioridades anteriores, feitas e estabelecidas durante a idade adulta, sublinhando a ideia de estabilidade que temos vindo a defender e à luz da qual a passagem à reforma não se traduz num acontecimento de vida susceptível de provocar roturas na integridade e coerência do *self*.

Numa leitura mais pormenorizada dos resultados alcançados no estudo que nos vai servindo de referência (Fonseca, 2004), constatamos que a grande maioria das ideias avançadas a respeito da *satisfação com a vida* saem reforçadas, sinalizando a existência de relações entre estas duas dimensões:

- quanto à idade cronológica, a progressiva diminuição da satisfação com a vida repercute-se aqui numa diminuição, com o avanço da idade, da importância dos factores de bem-estar; é ainda evidente, a este propósito, uma delimitação entre dois grupos de indivíduos reformados: o primeiro até aos 65 anos, o segundo acima dessa idade, conferindo estes últimos muito menos importância a qualquer um dos factores de bem-estar avaliados, quando comparados com os indivíduos mais novos;
- quanto ao estado civil, o casamento volta a revelar-se como uma variável que favorece a adaptação (os indivíduos casados experimentam maior bem-estar na sua vida actual do que os restantes), enquanto a viuvez, pelo contrário, torna as pessoas menos capazes do que quaisquer outras (incluindo as solteiras) de afectarem à sua vida actual reais factores de bem-estar;

- quanto à escolaridade e à profissão anterior, são as pessoas que possuem uma habilitação mais elevada e que exerceram profissões mais diferenciadas, as que conferem uma maior importância aos factores de bem-estar avaliados, ao passo que é baixíssima a importância que os indivíduos com escolaridade básica e que tiveram profissões menos diferenciadas no passado, atribuem a qualquer um dos três factores de bem-estar considerados; atendendo ao facto de este ser o grupo de reformados mais numeroso em Portugal (INE, 2002), corremos o risco de estarmos perante uma população reformada triste, deprimida, "sem gosto pela vida", com uma dificuldade evidente para encontrar no seu dia-a-dia motivos de prazer e cujas necessidades de bem-estar não estão obviamente a ser correspondidas;
- quanto ao tempo de reforma, verificamos que os indivíduos reformados há mais tempo (sobretudo com mais de nove anos de reforma), encontram menos razões para experimentarem bem-estar em dois dos factores avaliados (*liberdade e controlo da vida pessoal* e *actividades sociais*) e limitam as possibilidades de obtenção de bem-estar justamente ao factor *ausência de stresse*, o que ajuda a reforçar a ideia de que os reformados portugueses, à medida que vão envelhecendo, adoptam uma atitude de desinteresse da vida social (exceptuam-se os contactos com a família) e encaram a reforma essencialmente como um "tempo de descanso".

4.2. Delimitação e caracterização de padrões de transição-adaptação à reforma

O estudo realizado (Fonseca, 2004) ampliou, naturalmente, a compreensão quanto aos vários padrões possíveis de transição da vida profissional para a reforma, evidenciando desde logo que a passagem à reforma, enquanto situação de transição que decorre de um acontecimento previsível na vida de praticamente todos os trabalhadores, não corresponde a uma situação especialmente stressante para a maioria das pessoas. Esta tese é corroborada por uma série de índices que foram objecto da nossa avaliação:

- mesmo quando sucede no termo normal da vida profissional, a concretização de interesses pessoais surge como a principal razão subjacente à passagem à reforma,

- a satisfação de vida actual, apesar de ser avaliada apenas como *razoável*, mantém-se sensivelmente igual nos primeiros anos após a passagem à reforma,
- também nos primeiros anos após a passagem à reforma, nada sugere haver uma experiência generalizada de frustração entre os indivíduos reformados, sendo alcançado o objectivo básico de se experimentar um sentimento de bem-estar através das ocupações do dia-a-dia.

Face à dualidade de opiniões acerca do impacto psicológico da reforma, discutidas previamente, somos levados, pois, a alinhar por aquelas perspectivas que defendem ser a passagem à reforma um acontecimento potencialmente stressante (porque daí decorrem mudanças que solicitam um esforço adaptativo acrescido), mas que não comporta necessariamente consequências dramáticas para a identidade pessoal.

Este ponto de vista contrasta com as conclusões de estudos realizados anteriormente em Portugal, nomeadamente, com o estudo de características epidemiológicas efectuado no concelho de Matosinhos por Barreto (1984) – onde foram estabelecidas elevadas correlações entre a condição de "reformado" e, respectivamente, dependência económica, diminuição das relações sociais e dos contactos diários, doença (física e mental) e redução da mobilidade –, e com o estudo sobre bem-estar psicológico levado a efeito em mulheres portuguesas de idade avançada residentes na região de Lisboa, onde Novo (2003) concluiu que "a reforma da vida activa, mais ou menos compulsiva, dá lugar a uma progressiva 'reforma psíquica'. Formas de entrega a uma situação de dependência constituem, por vezes, modos de sobrevivência para garantir um espaço protegido e formas de adaptação à realidade" (p. 586).

Em relação ao estudo de Barreto, já aqui o dissemos, diferenças profundas entre as metodologias utilizadas e as características das amostras em causa podem ajudar a explicar a discrepância de resultados; para além disso, decorreram já cerca de trinta anos desde que Barreto procedeu à sua recolha de dados, sendo natural que os reformados de hoje constituam um grupo qualitativamente distinto do que foi objecto de estudo no início dos anos oitenta. Já quanto ao estudo de Novo, se por um lado o número de pessoas por si estudadas foi consideravelmente inferior ao nosso esforço, não deixa de ser curioso observar que também nós obtivemos, junto das mulheres, resultados de satisfação com a vida inferiores aos dos homens.

Assim, tudo indica que a maioria das pessoas para quem o acontecimento passagem à reforma se vislumbra num horizonte de curto ou médio prazo, vê a reforma como um tempo de liberdade de movimentos, de não obediência a horários, de possibilidades de realização de toda uma gama de actividades gratificantes. Há, no entanto, alguns constrangimentos que podem alterar este panorama, tendo sido possível identificar de forma sistemática alguns aspectos que põem em causa uma "transição-adaptação" bem sucedida à reforma, tais como:

- a "dependência" da vida profissional,
- a falta de envolvimento em interesses específicos ou em actividades extra-profissionais de lazer ou de participação social, durante a idade adulta,
- a escassez ou ausência de segurança económica e de saúde,
- a inexistência de uma rede familiar e de redes sociais de apoio e suporte,
- a acumulação de acontecimentos de vida potencialmente stressantes imediatamente após a passagem à reforma (viuvez, problemas graves de saúde, mudança forçada de residência, etc.),
- a baixa escolaridade e os baixos rendimentos económicos (a que geralmente correspondem o exercício anterior de uma profissão menos diferenciada),
- a incapacidade para experimentar prazer com as ocupações do quotidiano,
- a falta de expectativas e de projectos para o futuro.

Um aspecto que, finalmente, surge como determinante no quadro da adaptação à reforma é o *tempo de reforma*, ao qual anda associada a idade cronológica e ao qual também, atendendo ao momento em que a passagem à reforma acontece no ciclo de vida, anda associada a velhice. Com efeito, como avançámos logo na Introdução desta obra, o processo de "transição-adaptação" à reforma não pode ser compreendido fora do processo de envelhecimento, quer por ser frequente considerar-se que a velhice começa com a passagem à reforma, quer porque o maior ou menor sucesso dessa adaptação decorre da forma como o envelhecimento é experimentado por cada pessoa.

Assim, verificámos que muitos dos aspectos que põem em causa uma adaptação com sucesso à reforma não estão especificamente relacionados com a passagem à reforma, ou com a condição de "reformado", mas são, fundamentalmente, aspectos que se prendem com o processo de envelhecimento, o qual, mesmo tratando-se de um "envelhecimento normal", é sempre caracterizado por uma prevalência de perdas sobre ganhos e por um risco acrescido de diminuição do bem-estar psicológico. Em suma, defendemos que o efeito exercido pelo envelhecimento sobre o bem-estar individual é maior, seguramente, do que o efeito exercido sobre esse mesmo bem-estar pela transição da vida profissional para a reforma.

Mas se a "adaptação à reforma" está inevitavelmente ligada às condições do envelhecimento do indivíduo, a sua ligação às condições de vida durante a idade adulta não é menor. Assim, aspectos como ter ou não ter outras actividades e interesses para além da vida profissional, a escolaridade alcançada, o tipo de profissão exercida ou o grau de investimento profissional anterior, são aspectos da maior importância para a compreensão das diferenças entre as pessoas no modo como se adaptam à reforma. De facto, o que o trabalho significou para a pessoa acaba por condicionar aquilo que ela pensa acerca da reforma e o modo como a encara. Se a vida profissional teve pouca importância para além do salário ganho ao fim do mês, decerto que a sua falta será menos sentida do que se o trabalho constituiu um motivo de realização pessoal, de estabelecimento de relações significativas com outros, de expressão de valores. Mas também é verdade, porém, que as pessoas adaptam-se bem à reforma na sequência de uma vida profissional bem sucedida, no fim da qual tomam consciência de que o trabalho não era para sempre e que a reforma era um acontecimento já esperado e que implica, agora, adaptações a vários níveis.

Finalmente, vimos que as mudanças e os reajustamentos a que a passagem à reforma obriga, passam por questões tão variadas como o uso do tempo, o relacionamento com o cônjuge e com a restante família, a adesão a actividades de ocupação do dia-a-dia. Quanto a este aspecto, entendemos ser preocupante que os indivíduos com uma escolaridade mais baixa sejam aqueles para quem essas actividades (independentemente da sua natureza) menos se traduzam numa experiência de bem-estar, fazendo emergir de novo a importância, em termos adaptativos, da educação em geral e da escolaridade em particular. Deste ponto de vista, faz todo o sentido a questão levantada por Baltes & Smith (2003): até que ponto não se deveriam reduzir os gastos associados aos muito idosos e dirigir parte desses gastos para a promoção do desenvolvimento das gerações mais novas (adultos incluídos), apetrechando-as através da educação com ferramentas de natureza cognitiva que lhes permitam o aumento da respectiva capacidade adaptativa ao longo de todo o ciclo de vida.

Sob o ponto de vista psicológico, não temos dúvidas que a chave para analisar os efeitos da passagem à reforma em aspectos como a satisfação com a vida ou o bem-estar psicológico, prende-se com a possibilidade deste acontecimento de vida poder acrescentar (ou não) qualquer coisa de diferente ou mesmo de "novo" à vida anterior, sendo essa mais-valia percepcionada positivamente pelo indivíduo. Com efeito, sabemos, por exemplo, que os indivíduos que se reformam para desempenharem novos papéis ou aprofundarem papéis anteriores, avaliam a reforma como uma situação mais gratificante do que os indivíduos que, simplesmente, se reformam da vida profissional. Mas, como em qualquer outra situação de "transição-adaptação", os ajustamentos adaptativos que resultam da passagem à reforma têm igualmente de ser lidos quer à luz dos contextos sociais de existência em que os indivíduos evoluem, quer de toda uma série de variáveis mediadoras que se constituem como factores determinantes para o maior ou menor sucesso no decurso do processo de "transição-adaptação" à reforma. Estamos a pensar, concretamente, em factores como a idade, a segurança e saúde percepcionadas, os rendimentos económicos disponíveis, a existência de relações sociais e familiares, o estado civil, a residência em que se vive e com quem se vive, entre outras variáveis de natureza psicossocial.

Mas uma visão desenvolvimental do processo de "transição-adaptação" à reforma exige também, para além da consideração dessas variáveis, que se atenda igualmente às estratégias de *coping* utilizadas pelo indivíduo para fazer face ao acontecimento, podendo recorrer a algumas delas logo após a passagem à reforma e a outras mais tarde, de acordo com a evolução das circunstâncias da sua vida e do seu processo de envelhecimento. Quais são as estratégias de *coping* que mais contribuem para tal sucesso adaptativo? Pelos dados recolhidos e analisados (Fonseca, 2004), poderíamos enunciar as seguintes: manter e enriquecer os interesses específicos anteriores, investir em novas actividades, aprofundar a vida conjugal, reforçar a vida familiar, cuidar da saúde física e mental, prevenir a segurança económica, combater o risco de isolamento social e o sentimento de solidão, investir na aprendizagem, ter em conta e utilizar os serviços e recursos comunitários existentes, exercer o máximo controlo possível sobre a vida pessoal, manter e aprofundar o sentido de utilidade para si mesmo e para as pessoas em volta, retirar prazer das ocupações do dia-a-dia e, dessa forma, experimentar um sentimento de bem-estar com o quotidiano.

É a partir desta representação (Figura 1) que gostaríamos de propor a delimitação e caracterização de *três padrões dominantes* de "transição-adaptação" nos reformados portugueses:

- Padrão AG (Abertura-Ganhos) – caracteriza-se por uma atitude positiva face à vida e por uma abertura ao espaço exterior, aos outros e a si mesmo, reunindo os elementos básicos à possibilidade de ocorrência de mudanças (ganhos) desenvolvimentais;
- Padrão VR (Vulnerabilidade-Risco) – caracteriza-se por um aumento progressivo de vulnerabilidade sob o ponto de vista pessoal, relacional e social, causando uma diminuição de satisfação com a vida e de bem-estar, e colocando em risco as possibilidades de desenvolvimento psicológico;
- Padrão PD (Perdas-Desligamento) – caracteriza-se por uma situação generalizada de perdas, de que resulta a insatisfação com a vida, a experiência de solidão, a dificuldade em experimentar bem-estar com as ocupações do dia-a-dia e um acentuado desligamento das actividades sociais.

Algumas observações necessitam de ser feitas relativamente à delimitação destes padrões.

Em primeiro lugar, o decurso do tempo é aqui um aspecto-chave; se é verdade que a psicologia do ciclo de vida recusa a ideia de que a idade cronológica constitui, em si mesma, o índice de informação mais fiável acerca de uma pessoa e do seu desenvolvimento, não é possível ignorar que os dados apontam para um declínio global de medidas como *satisfação com a vida* e *factores de bem-estar* à medida que a idade progride. De qualquer modo, olhamos para estes padrões não como estádios universais e mutuamente exclusivos, mas como "imagens" susceptíveis de serem captadas em diferentes momentos do ciclo de vida durante a meia-idade e velhice, um processo contínuo e capaz de gerar múltiplas configurações e percursos desenvolvimentais cada vez mais diversificados à medida que a idade avança.

Em segundo lugar, não é de modo algum líquido que os reformados actualmente situados no padrão AG venham a situar-se no padrão VR ou PD daqui a alguns anos, tanto mais que algumas características desses indivíduos não irão alterar-se (por exemplo, a escolaridade). Logo, não estamos perante padrões de tipo evolutivo mas perante *padrões de tipo biográfico*, susceptíveis de serem encontrados com alguma predominância entre os reformados portugueses mas que não definem, à partida, um percurso desenvolvimental mais ou menos provável ou previsível. Deste modo, fica salvaguardada a possibilidade de uma pessoa actualmente identificada com o padrão AG permanecer nesse padrão ao longo dos anos que marcam o seu envelhecimento (o que, sob o ponto de vista desenvolvimental, seria o mais desejável), ou a possibilidade de uma pessoa identificar-se com o padrão PD logo após a passagem à reforma, reflectindo, afinal, a grande variabilidade que se verifica entre os indivíduos mais velhos em termos psicológicos e adaptativos.

Em terceiro lugar, esta delimitação parte da ideia já aqui defendida segundo a qual eventuais efeitos sobre a vida psicológica dos indivíduos directamente ligados à passagem à reforma vão sendo substituídos, progressivamente, por efeitos ligados ao processo de envelhecimento, ganhando estes uma natural predominância sobre os primeiros. Isto significa, pois, que um determinado índice de *satisfação* ou de *bem-estar* revelado por um indivíduo recentemente reformado, ou por um indivíduo reformado há dez ou quinze anos, pode muito bem ficar a dever-se, no primeiro caso, a razões decerto mais ligadas ao acontecimento *passagem à reforma* do que no segundo caso. Com efeito, dez ou quinze anos após a passagem à reforma, tal acontecimento é já certamente e apenas uma memória, vivendo o indivíduo plenamente "adaptado" à condição de reformado – seja qual for a qualidade dessa adaptação –, cabendo então aos aspectos ligados ao envelhecimento (e não à passagem à reforma) o papel determinante na definição do *self* e do respectivo ajustamento à etapa do ciclo de vida em que se encontra.

Vale a pena, finalmente, discutir que motivos conduzem os indivíduos a fixarem-se num Padrão PD, independentemente do "padrão de partida". Recuperando a Figura 1, aspectos como o empobrecimento da saúde, a eventual perda de competência e de oportunidades para ocupar o tempo de forma útil, o efeito cumulativo de acontecimentos de vida, e tantos outros factores, podem ajudar a que uma progressiva diminuição da satisfação global com a vida vá ganhando terreno, podendo igualmente, em qualquer altura do ciclo de vida pós-reforma, emergir um claro desencanto com a vida presente na sequência da descoberta que o dia-a-dia está mais pobre desde que se deixou a profissão. Mas Novo (2003) interroga-se, a respeito da adaptação à velhice, quando esta é pouco ou nada conseguida: "onde reside o elemento patogénico, na própria velhice ou nas regras que limitam as hipóteses de escolha, de ser e de viver?" De facto, quando o capital de experiência dos reformados não é devidamente aproveitado (como quase sempre sucede), faz todo o sentido que vendo a sua competência e a sua sabedoria completamente desaproveitadas (quando não desvalorizadas), haja pessoas que não resistam a este quadro geral de despromoção, acabando por entregar-se a formas de "abandono psicológico" que reportam para um padrão de envelhecimento marcado pelo desligamento e por perdas sucessivas.

Em suma, o que promoverá, então, uma adaptação bem sucedida à reforma? Taylor-Carter & Cook (1995) sintetizam estas condições em duas ideias, que partilhamos em absoluto:

- por um lado, a manutenção de um sentido de continuidade, fazendo com que o passado não seja simplesmente esquecido e o futuro simplesmente deixado ao acaso;
- por outro lado, a aposta no estabelecimento de relações mais próximas com os outros e na realização de actividades que proporcionem bem-estar e dêem prazer.

Trata-se, como é óbvio, de uma postura que reflecte uma atitude positiva e que encara a passagem à reforma como uma nova etapa no ciclo de vida, onde é imprescindível que a vida quotidiana ganhe um sentido próprio, claramente "para além" da reforma.

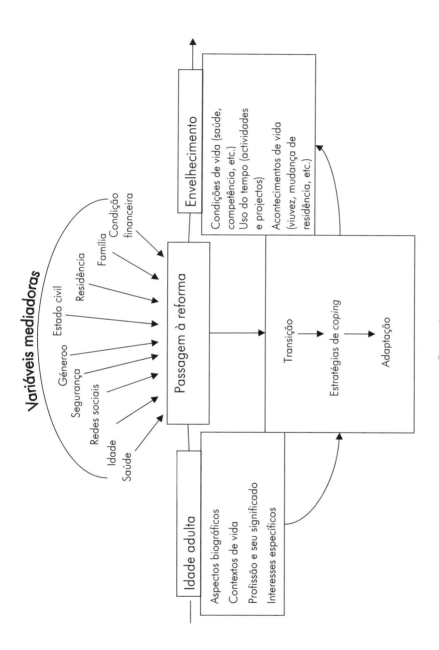

Figura 1
"Transição-adaptação" à reforma numa perspectiva desenvolvimental

5. Há Vida Depois da Reforma?

Numa tarde de Junho e ao fim de 35 anos naquela empresa, Domingos nunca pensou ver o seu mundo desaparecer daquela maneira.

"Gostamos muito do teu trabalho, mas a empresa foi comprada e vai sofrer uma grande reestruturação. O teu posto de trabalho vai ser extinto, mas não te preocupes, com a tua idade já tens direito à pré-reforma, com uma boa indemnização.

Vais ver que certamente arranjas coisas para fazer..."

Domingos não ouviu o resto, num misto de surpresa e de medo do destino.

Desde miúdo sonhava ser mecânico, mas o destino trocou-lhe as voltas e acabou a trabalhar naquela fábrica de sapatos durante toda a vida. Nunca arriscou mudar de vida mas o gostinho pelos motores, sobretudo pelos antigos, ficou-lhe para sempre.

Aos fins-de-semana era a isso que se dedicava, ora a fazer uns biscates para conhecidos, ora a recuperar motores antigos que depois vendia. Tinha agora a oportunidade de se dedicar por inteiro à sua paixão. Talvez por isso, nos primeiros dias de reforma, não se preocupou por já não ter emprego, ambora sendo ainda tão novo.

Mas uma doença e um internamento prolongado congelaram as possibilidades de concretização daquele projecto, afastaram-no do contacto com colegas, empobreceram o seu dia-a-dia, provocaram-lhe saudades da empresa e da sua anterior vida.

Já lá vão quase dois anos e só agora Domingos começa a olhar para o futuro: "É uma grande evolução perceber que existe vida para além da profissão."

Recuperando os dois modelos que mais frequentemente são usados para explicar o modo como decorre a "transição-adaptação" à reforma – a teoria da crise e a teoria da continuidade, consideramos, finalmente, que nenhuma das teorias é por si só suficiente para explicar a totalidade das experiências individuais de reforma, o mesmo sucedendo com a distribuição por fases do processo de "transição-adaptação" à reforma, tal como Atchley (1976, 2000) o preconiza. Assim, em vez de centrarmos a nossa explicação na incapacidade de substituição dos papéis típicos da vida profissional por novos papéis (teoria da crise), ou na capacidade para elaborar e desenvolver actividades e objectivos de vida que se afirmam como estratégias adaptativas eficazes (teoria da continuidade), preferimos aprofundar o olhar relativo às consequências inerentes à passagem à reforma em termos da mudança *versus* estabilidade do *self*.

De facto, à luz de pressupostos da psicologia do ciclo de vida (como envelhecimento diferencial, plasticidade e capacidade de reserva), todos os acontecimentos de vida são uma fonte de perdas mas também de ganhos desenvolvimentais, pelo que é razoável admitir que a estabilidade e a mudança caminhem a par na definição do *self* durante a idade adulta e a velhice. Por outro lado, a probabilidade de se verificarem mudanças no *self* é mais acentuada naqueles momentos do ciclo de vida coincidentes com alterações significativas na estrutura de vida dos indivíduos, ou se preferirmos, coincidentes com situações de transição. Analisar o impacto do que se verifica antes, durante e após dado acontecimento, surge inevitavelmente como a estratégia mais ajustada para pesquisar a mudança//estabilidade do *self*.

Foi partindo desta base que Hooker (1991) decidiu estudar um conjunto de indivíduos norte-americanos durante a respectiva passagem à reforma, ligando estas noções desenvolvimentais às consequências para o *self* resultantes da mudança de papéis suscitada pela reforma. A reforma constitui um acontecimento particularmente interessante sob este ponto de vista, por vários motivos: dado o papel central que a vida profissional tem na existência, trata-se de algo que "mexe" com a própria identidade; independentemente da preparação que para ela o indivíduo tenha feito, a passagem à reforma (como qualquer outra transição) traz sempre consigo realidades novas, total ou pelo menos parcialmente diferentes do inicialmente esperado; a passagem à reforma é, provavelmente, a transição do ciclo de vida onde a variabilidade individual assume contornos mais extraordinários, quer pela falta de modelos de referência (é seguramente mais fácil definir um "bom profissional" do que um "bom reformado"...), quer pela influência simultânea de múltiplas variáveis mediadoras da capacidade adaptativa.

Foi precisamente devido a este enorme potencial de diversidade, que Hooker (1991) decidiu-se por uma investigação de tipo ideográfico junto de quatro indivíduos reformados, procurando obter uma compreensão aprofundada das mudanças produzidas ao nível do "eu" pela passagem à reforma. A selecção dos indivíduos e a recolha de dados obedeceu a regras rígidas – dois homens e duas mulheres, com idades entre os 62 e os 66 anos, todos graduados por universidades, dois reformados de funções administrativas e os outros dois de funções docentes, com a recolha de dados a começar um mês após a entrada na reforma e a decorrer diariamente durante dois meses. O método usado durante o estudo foi a "P-technique factor analysis", um procedimento que a autora considera adequado ao estudo intra-individual de características psicológicas ao longo de um período de tempo considerável, muito sensível quer à mudança, quer à estabilidade dessas características.

Os resultados alcançados com este estudo provaram que mudança e estabilidade caminham juntas na passagem à reforma, encontrando-se quer sinais de variabilidade, quer sinais de estabilidade intra-individual do *self* durante o período que foi alvo de estudo. Para Hooker (1991), não se trata, pois, de considerar a passagem à reforma (ou qualquer outra transição) como uma questão de mudança *versus* estabilidade do *self*, mas antes considerar mudança e estabilidade como componentes essenciais do esforço adaptativo desenvolvido pelo indivíduo na sequência de um acontecimento significativo para a sua vida. No caso concreto da passagem à reforma, estamos convencidos que alguma margem de flexibilidade nas concepções do *self* revela-se uma estratégia adequada para lidar com a discrepância que necessariamente é reflectida entre a vida antes e depois da reforma, muito embora o estudo de Hooker tenha demonstrado que as pessoas menos satisfeitas com a condição de reformadas recentes eram aquelas que apresentavam um *self* mais instável, com uma imagem menos bem definida de si mesmo (em termos de interesses, desejos, projectos, etc.).

Olhar a passagem à reforma a partir de uma perspectiva de ciclo de vida exige, pois, a consideração não apenas do acontecimento em si mesmo, mas também dos antecedentes e das consequências de tal acontecimento na vida dos indivíduos, retirando-lhe o significado monolítico que expressões como "reformo-me para a semana" poderão induzir. Os comportamentos adaptativos e a imagem de si próprio que se constroem ao longo deste processo devem ser interpretados, também, à luz dos contextos sociais de existência em que se evidenciam e de toda uma série de variáveis que se constituem como factores determinantes para a maior ou menor satisfação alcançada no decurso do processo de "transição--adaptação". Estamos a pensar, especificamente, em factores como a saúde, os rendimentos económicos disponíveis, a existência de relações sociais e familiares, o estado civil e muitas outras variáveis, sendo possível e desejável ainda diferenciar variáveis de adaptação "a curto prazo" de outras cujos efeitos só se tornam visíveis num espaço de tempo mais alargado.

Retomando uma ideia anterior e reflectindo sobre os dados alcançados por Hooker (1991) e por nós próprios (Fonseca, 2004), insistimos que uma atitude de flexibilidade na forma de olhar para si e para o mundo (traduzida na componente *Abertura* do Padrão AG, nomeadamente) será uma forma de *coping* adequada face às diferenças que se verifiquem entre a vida antes da reforma e depois da reforma – ênfase na *mudança*. Porém, também é verdade que essa abertura e os ganhos desenvolvimentais que daí podem retirar-se ocorrerão mais provavelmente em indivíduos que já demonstravam possuir uma atitude favorável à novidade e à exploração do espaço envolvente – ênfase na *estabilidade*.

Assim sendo, faz sentido falar em planeamento da reforma? Vejamos esta questão por dois prismas. Por um lado, se é certo que a generalidade das pessoas não faz qualquer planeamento sistemático da vida pós-reforma, também não é menos verdade que a generalidade das pessoas, sobretudo a partir da meia-idade, "começa a pensar" no que vai ou pode suceder quando a vida profissional chegar ao fim. Isto mesmo foi constatado por Ekerdt, DeViney & Kosloski (1996), sugerindo que muito antes da redefinição de papéis e da construção de projectos de vida após a passagem à reforma, os indivíduos procedem à construção de intenções, por eles designadas como "perfis de planos para a reforma". Os cinco diferentes planos definidos pelos autores – reforma em *full-time*; reforma parcial; mudança de emprego; recusa da reforma; sem planos definidos em relação à reforma – funcionam, em primeira instância, como a base a partir da qual outros elementos relativos ao planeamento da reforma serão depois equacionados, tais como rendimentos, gestão do tempo, estilo de vida, etc. Cada um destes elementos pode fazer maior ou menor sentido em função do perfil de plano para a reforma que cada indivíduo seleccionou para si previamente, e que lhe vai permitir forjar planos específicos de vivência da reforma.

Por outro lado, não restando dúvidas que muitos dos assuntos importantes da vida durante a reforma são, afinal, comuns a qualquer outra etapa da vida, não podemos desvalorizar as alterações sensíveis no modo de vida quotidiano e os sentimentos contraditórios que a passagem à reforma pode gerar em algumas pessoas. Deste modo, os benefícios da *preparação da reforma* poderão revelar-se úteis sobretudo junto daquelas pessoas que não estão preparadas para se reformarem (seja em que altura for), ou que subestimam a necessidade de procederem a alguns reajustamentos nas suas vidas. Entre estes últimos contam-se, por exemplo, os relativos às questões financeiras ou à residência, que podem ser objecto de alguma planificação e, nessa medida, tornar o futuro mais previsível e contribuir para aumentar o sentimento de segurança. É o que pensam, também, Prentis (1992), Richardson (1993) e Bossé (1998), para quem a preparação do futuro é benéfica na medida em que ajuda os recém-reformados a diminuir os riscos e a potencializar as oportunidades, ajudando a diminuir a ansiedade que, eventualmente, surja associada a questões relacionadas com o dinheiro que se terá disponível, o sítio onde viver, etc.

Implicando nesta apreciação a sua própria experiência pessoal como recém-reformada, Schlossberg (2004) diz que tão importante como prevenir um *portfolio* económico é planear um *portfolio* psicológico, composto por relações, actividades e tudo o mais que possa contribuir para a (re)construção da identidade. Como parte da preparação para a reforma, a pessoa precisa de saber responder a questões como "para que é que eu me vou reformar?" ou "estou a reformar-me de quê?" A atenção especial que a autora dá à componente social e relacional deve-se ao facto de, segundo ela, o local de trabalho ser um veículo formidável de integração social, pelo que é importante que o planeamento da reforma avalie e defina estratégias por meio das quais o indivíduo reformado compense devidamente a inevitável perda de relações sociais. Para Schlossberg, o bem-estar físico e psicológico da pessoa reformada vai estar directamente ligado à qualidade da respectiva integração social.

Infelizmente, segundo a autora, embora se preocupem com as questões financeiras, a maior parte das pessoas não efectua qualquer planeamento psicológico do tempo pós-reforma. Porque não o fazem? Talvez porque seja "da natureza humana" adiar o que necessita de fazer até chegar o momento em que já não pode adiar mais, talvez porque não vale a pena gastar tempo a pensar na reforma quando ainda não se está a vivê-la; ou talvez, simplesmente, porque a maior parte das pessoas envelhece de forma espontânea, não vendo qualquer necessidade de ter um plano para este período da vida. No fundo, acrescentaríamos pensando no caso português, a maior parte dos reformados conforma-se ao papel com o qual a reforma mais se tem identificado, isto é, um tempo fundamentalmente de descanso, de convívio e de lazer(es). Quem foge a esta regra – e por consequência "prepara a reforma" – são quase sempre pessoas que precisam de ter permanentemente um sentido para a vida e para aquilo que fazem, não se contentando simplesmente em passar o resto dos seus dias a passear, a ler, a conviver, em frente ao computador ou a brincar com os netos (que, de resto, acabarão por crescer...).

Independentemente do mérito que o planeamento da reforma possa ter, julgamos que não reside aí, todavia, o segredo para uma adaptação bem sucedida. De facto, são inúmeros os aspectos para os quais qualquer tipo de "preparação" será sempre impossível ou imperfeita, e que acabam por marcar decisivamente a vida nos anos subsequentes à passagem à reforma: diminuição do vigor físico, aparecimento de doenças mais ou menos graves, diminuição de contactos sociais, restrição de actividades, perda do cônjuge, etc. Estas mudanças conduzem muitos reformados a situações psicológicas de impasse e de aparecimento de patologia, levando-os a recorrer ao aconselhamento psicológico e clínico. A terapêutica a implementar junto destes reformados deverá ajudá-los a lidar com as perdas e a reforçar os ganhos que sejam possíveis de alcançar, por exemplo, realizando actividades de lazer adequadas ou incrementando as relações com terceiros.

Apesar do seu valor motivacional intrínseco, a adopção destas estratégias não está, porém, isenta de problemas. Assim, quando se equaciona a realização de actividades de ocupação do tempo centradas exclusivamente em actividades de lazer, de consumo e de cariz relacional, surge, inevitavelmente, a questão da "não-produtividade" dessas mesmas actividades, ou seja, em que medida um dos principais problemas sentidos por muitas pessoas – a perda de utilidade social – não sairá reforçado pelo recurso sistemático a formas de ocupação do tempo onde sobressai, justamente, uma imagem de improdutividade, de ociosidade ou mesmo de futilidade.

Para contrariar este padrão de ocupação do tempo disponível na reforma, a noção de *envelhecimento produtivo* tem vindo a ganhar cada vez maior saliência, como estratégia adaptativa pessoal e de valorização social. Podemos apontar duas características essenciais que estão inerentes ao envelhecimento produtivo: implica a produção (remunerada ou não) de bens e serviços correspondendo a uma efectiva satisfação de necessidades, e o envolvimento continuado em actividades úteis e significativas sob o ponto de vista social. Neste entendimento do conceito, todo o trabalho sénior, especialmente no âmbito rural e dos serviços, mas também actividades como cuidar dos netos, o apoio à família, o voluntariado, o trabalho político e associativo, inscrevem-se nesta perspectiva "produtiva", uma vez que correspondem à produção directa ou indirecta de serviços úteis a pessoas e à comunidade. A ideia subjacente ao envelhecimento produtivo encara o envelhecimento sob uma perspectiva fundamentalmente positiva, refutando estereótipos e valorizando o papel desempenhado pelos idosos e os contributos por eles prestados à sociedade (Gonçalves, Martin, *et al.*, 2006).

De facto, para além das vantagens de ordem individual medidas em bem-estar e satisfação com a vida, não restam dúvidas acerca da prestação inestimável dos reformados nas sociedades actuais, ficando claro que a produção dos bens e serviços referenciados não se inscreve numa óptica de mercado, ideia vulgarmente associada à noção tradicional de produtividade. Os dados apresentados a este propósito por Kunemund & Kolland (2008) sobre a realidade alemã são, de resto, elucidativos: somando as horas da actividade produtiva desenvolvida unicamente em actividades voluntárias, cuidados pessoais e às crianças, pela população alemã dos 60 aos 85 anos, chega-se a uma projecção anual de cerca de 3.5 biliões de horas de produção não remunerada de bens e serviços.

A noção de envelhecimento produtivo valoriza uma concepção positiva dos indivíduos mais velhos e a possibilidade destes se manterem úteis nos seus contextos familiares, sociais e comunitários, sendo esta uma premissa fundamental para uma adaptação bem sucedida à reforma. Neste sentido, para além da implementação de estratégias de ordem individual visando obter ou reforçar ganhos ao nível da auto-estima e do auto-conceito, é essencial potencializar todas as intervenções que favoreçam a construção de comunidades multigeracionais, onde o contributo dos mais velhos seja devidamente integrado no tecido social mais amplo. Considerando sobretudo o período inicial da reforma, que D'Épinay (2003) designa como "a vida a inventar ou a autonomia a conquistar", quando cessa o constrangimento quotidiano resultante do papel profissional e antes que a vulnerabilidade própria do ser humano a envelhecer se instale, seria bom que a escolha das possíveis actividades a desenvolver fosse orientada para a procura de experiências favorecendo as trocas intergeracionais e uma "reforma solidária" (Guillemard, 2002) e activa. Apoiando a ideia de que a reforma surge como um tempo privilegiado para o envolvimento social e defendendo, concretamente, um envelhecimento produtivo através do voluntariado, Sirvin & Godefroy (2009) salientam que a confiança nos outros não é um pré-requisito do envolvimento social, mas que, no entanto, ela cresce à medida que a participação nas organizações da sociedade civil se torna regular, favorecendo a inclusão social, o diálogo intergeracional e a responsabilidade cívica.

A participação em *programas de aprendizagem e formação*, aqui tomados num sentido amplo e concretizados quer em contextos formais (ensino recorrente; educação extra-escolar; cursos livres; universidades, institutos e academias seniores/da 3ª idade), quer em contextos informais (associações e clubes de reformados; grupos culturais; participação em conferências, visitas de estudo, etc.), tem-se igualmente revelado uma alternativa de ocupação do tempo particularmente rica sob vários pontos de vista:

- optimização do desenvolvimento: Hobson & Welbourne (1998) defendem que tornar um adulto num "adulto que aprende" é incrementar ou optimizar a sua potencialidade de desenvolvimento, dado que aprendizagem e desenvolvimento têm em comum uma mesma característica, ou seja, a transformação quer de nós próprios, quer da forma como vemos o mundo e nos adaptamos a ele, aceitando-o ou modificando-o,
- manutenção de controlo sobre o meio: Adair & Mowsesian (1993) sugerem que a aprendizagem constitui efectivamente uma estratégia útil de ajustamento à reforma, tendo estes autores constatado, através de estudos de caso realizados junto de pessoas reformadas,

que a participação em iniciativas de aprendizagem serviu como uma estratégia eficaz de manutenção de controlo sobre o meio,
- atribuição de sentido à existência: Courteney & Truluck (1997) consideram que a adesão de "aprendentes idosos" a experiências e a oportunidades educacionais facilita e promove a atribuição de sentido à existência, fazendo-os sentir que as suas vidas não acabaram, pelo contrário, podem ser enriquecidas com novas aprendizagens; recorde-se, a propósito, que Prentis (1992) considerava *a atribuição de sentido à vida* uma tarefa fundamental para a adaptação à reforma, sobretudo para aqueles indivíduos que tinham dedicado o melhor das suas vidas adultas à actividade profissional.

Em síntese, na medida em que a curiosidade pela vida subsiste, o indivíduo reformado pode continuar a projectar o seu quotidiano e a fixar objectivos, constituindo a aprendizagem e a formação uma via privilegiada para o garantir. De uma forma geral e desde que seja uma prática continuada, os seus benefícios estendem-se a vários domínios: melhoria do funcionamento cognitivo, promoção da saúde, aumento da satisfação com a vida, desenvolvimento de competências de vária ordem (uso de tecnologias no dia-a-dia, por exemplo), reforço de sentimentos de autonomia e de capacidade de comunicação (Kunemund & Kolland, 2008). É plausível admitir que cada vez mais e mais pessoas reformadas e idosas venham a estar envolvidas em actividades de aprendizagem e formação, dada a melhoria da respectiva saúde, um maior à-vontade com a aprendizagem resultante da experiência pessoal, e a diluição progressiva das barreiras institucionais ainda existentes (sobretudo nos meios universitários) ao incremento da educação na meia-idade e velhice.

Apesar destas novas modalidades *produtivas e activas* de ocupação do tempo, a reforma continua a ser, para muitos, um tempo essencialmente de lazer(es). Revisitando 30 anos depois uma obra pioneira, célebre pela categorização então feita dos diversos modos de adaptação à vida de reformado na população francesa, Guillemard (2002) insiste na ideia de que a existência de bens e recursos significativos, acumulados no decorrer da vida, possibilita o desenvolvimento de formas de adaptação à reforma organizadas basicamente em torno da ideia de lazer, tais como a "reforma-consumo" (consumo de bens e lazeres) ou a "reforma-terceira idade" (estruturada em função de *hobbies*). Quer uma, quer outra, constituem sem dúvida formas de adaptação à reforma com um enorme potencial de desenvolvimento nos reformados actuais e futuros. Já aqui nos referimos à tentativa de sublimação dos efeitos do envelhecimento materializada na ideia de uma "vida sem idade", assente precisamente numa "indústria da reforma" baseada na oferta de bens, actividades e serviços de lazer. Sob o ponto de vista psicológico, contudo, a ilusão de eterna juventude induzida por muitas das propostas de ocupação do tempo que fazem do "bem-viver" um fim em si mesmo, pode comportar um risco de difusão da identidade, levando a pessoa a ignorar, perigosamente, que o envelhecimento subjacente à condição de reformado comporta realidades específicas sob o ponto de vista físico, mental e social que fazem parte do próprio sentido da vida, onde é necessário também acomodar a noção incontornável de declínio.

Tomando em consideração que o tempo livre aumenta com a reforma, o grau de satisfação relacionado com os lazeres assume importância decisiva quando pretendemos avaliar o bem-estar subjectivo em indivíduos reformados. Em princípio, o aumento de tempo dedicado a actividades de lazer deveria traduzir-se num aumento da satisfação e do bem-estar, mas tal não sucede assim de forma linear. Analisando dados longitudinais recolhidos durante 19 anos numa amostra representativa de reformados alemães, Pinquart & Schindler (2009) estudaram padrões de mudança na satisfação com o lazer durante a transição para a reforma e identificaram três padrões: o grupo maior de reformados mostrou um aumento progressivo na satisfação com os lazeres durante os quatro anos anteriores à reforma e no primeiro mês de reforma, seguido de estabilidade; um segundo grupo evidenciou um rápido e forte crescimento da satisfação com os lazeres depois da reforma; mas num terceiro grupo, finalmente, não se verificou qualquer mudança significativa ao nível da satisfação com os lazeres antes e depois da reforma.

Finalmente, em que medida poderá uma adaptação "bem sucedida" à reforma contribuir para um envelhecimento, também ele, "bem sucedido"? A noção de "envelhecimento bem sucedido" surgiu nos anos '60 do século vinte e definia, então, quer um mecanismo de adaptação às condições específicas da velhice, quer a procura de um equilíbrio entre as capacidades do indivíduo e as exigências do ambiente. Mais tarde passou a valorizar-se o significado que, sob o ponto de vista pessoal, cada um atribui ao "sucesso", tomando-o como um resultado que se atinge na sequência de uma atitude construtiva. Desta forma, poderíamos dizer que o sucesso não cai do céu, é preciso desejá-lo, planeá-lo, fazer esforço para o alcançar, havendo um conjunto de factores que são críticos para se poder falar em envelhecimento bem sucedido, alguns deles relativos à própria velhice e outros que decorrem do modo como são vividos períodos anteriores do ciclo de vida, em especial durante a meia-idade (Aldwin & Levenson, 2001). Também não podemos ignorar, certamente, que nenhum homem ou nenhuma mulher conseguem atingir uma velhice bem sucedida "sozinhos", ignorando as circunstâncias sociais e ambientais envolventes, pelo que a este nível o sucesso é sempre uma medida para a qual concorrem factores históricos e contextuais.

Assim considerado, *envelhecer bem* incorpora essencialmente dois processos relacionados entre si. Por um lado, trata-se de uma capacidade global de adaptação através de uma procura individual de resultados e objectivos significativos para o próprio, mesmo quando já é notório um declínio de possibilidades e de oportunidades. Por outro lado, o envelhecimento bem sucedido pode ser atingido mediante a escolha de determinados estilos de vida, que satisfaçam o objectivo de manutenção da integridade física e mental. Obviamente, em ambas as faces deste processo está implícita a ideia de que não há um só caminho de envelhecimento bem sucedido, reflectindo esta diversidade a importância que desempenham no acto de envelhecer factores como a personalidade, o contexto em que se vive ou as relações familiares.

No caso concreto da reforma, sublinhamos as seguintes quatro tarefas determinantes para a construção de um estilo de vida susceptível de favorecer um envelhecimento bem sucedido: organização dos objectivos pessoais, focalizando a atenção nos mais importantes e comprometendo-se com eles; valorização dos principais aspectos geradores de satisfação e bem-estar; avaliação emocional do que é verdadeiramente significativo, tanto na vida pessoal como na realidade envolvente; afectação dos recursos disponíveis às necessidades e aos objectivos a que se atribui maior importância. De resto, uma atitude mental positiva, a exposição do *self* a permanentes desafios, a estimulação cognitiva, a manutenção da saúde física e a procura de satisfação emocional, constituem outras componentes essenciais para se assegurar um envelhecimento bem sucedido através de uma reforma bem resolvida sob o ponto de vista adaptativo.

Ainda assim, importa salientar o problema colocado por Bossé, Aldwin, *et al.* (1991) relativamente à diferenciação entre duas situações – a reforma como uma *transição* e a reforma como um *estado*. Tomada em devida conta, esta diferenciação pode conduzir a interpretações diferentes de tal impacto quando os dados respectivos são lidos à luz de uma passagem à reforma recente ou à luz de uma reforma ocorrida há já vários anos. Retomando os padrões enunciados e desenvolvidos anteriormente, reconhecemos que tais padrões resultam de uma investigação transversal, ficando por fazer uma abordagem longitudinal às modalidades de adaptação a que os indivíduos recorrem na sequência da passagem à reforma. Esta seria, aliás, uma tarefa indispensável para demonstrarmos completamente até que ponto se verifica uma evolução dos indivíduos reformados pelos padrões delimitados e em que medida os efeitos ligados à velhice "tomam conta" do desenvolvimento do indivíduo, minimizando ou anulando mesmo quaisquer efeitos sobre esse desenvolvimento decorrentes da passagem à reforma.

A avaliação da "transição-adaptação" à reforma é uma tarefa complexa. Dada a necessidade de traduzir o conceito de "transição-adaptação" em medidas psicológicas susceptíveis de avaliação directa junto dos indivíduos reformados ou em vias de se reformarem, não é fácil, por exemplo, isolar o conceito "satisfação" sob o ponto de vista estritamente psicológico (aspectos como a saúde ou o rendimento disponível parecem contribuir decisivamente para o maior ou menor índice de satisfação global apresentado pelos indivíduos); por outro lado, não é evidente o estabelecimento de uma correlação directa entre um determinado grau de satisfação e a condição de reformado (múltiplos acontecimentos e experiências de vida característicos da "idade da reforma" podem interferir objectivamente nessa satisfação).

Em termos futuros, dada a grande variabilidade de experiências de reforma a que iremos cada vez mais assistir, partilhamos a opinião de Daatland (2003) quanto à necessidade de propor, em alternativa ao "estudo laboratorial" e "de grupo" das variáveis implicadas no processo de envelhecimento, soluções de investigação mais "centradas na pessoa", através, nomeadamente, de análises auto-biográficas de histórias de vida. Através dessas análises será possível, estamos certos, obter não só uma compreensão mais abrangente dos padrões de ajustamento à passagem à reforma e à condição de vida subsequente, mas também identificar problemas susceptíveis de afectar a adaptação do indivíduo reformado, sustentando a implementação de medidas que possibilitem a optimização do desenvolvimento durante o processo de envelhecimento.

O que podemos concluir do estudo realizado (Fonseca, 2004) e que serviu de base à delimitação de padrões de "transição-adaptação" à reforma? Nos primeiros anos após a passagem à reforma, constatamos que a generalidade dos indivíduos reformados vive satisfeita, não muito (como aparentemente todos os portugueses, reformados ou não), mas o suficiente para retirarem prazer e experimentarem uma sensação bem-estar através do envolvimento nas actividades que a liberdade, a autonomia e a abundância de tempo livre lhes permitem realizar. Vimos também que os efeitos do passado permanecem activos: quem estudou mais, quem teve uma profissão mais diferenciada, quem ganhou mais dinheiro, encara a nova condição de vida com muito maior optimismo e vontade de fazer da reforma um período gratificante, não sucedendo assim com os reformados provenientes de classes sociais mais baixas.

A este propósito, uma ideia parece evidente: se o padrão de vida, antes da passagem à reforma, caracteriza-se pelo desempenho de uma grande variedade de papéis, assim continuará a ser após a reforma; se antes da passagem à reforma existe curiosidade, interesse pela descoberta e abertura a novas experiências, não é com a reforma que tudo isso irá desaparecer. Como também será pouco provável que a passagem à reforma, por si só, transforme um indivíduo sem interesses específicos para lá do trabalho e pouco envolvido socialmente, numa pessoa aberta a novas actividades e motivada para a realização de actividades socialmente úteis.

Vimos também que, à medida que a idade avança, quaisquer eventuais efeitos da passagem à reforma parecem desvanecer-se, impondo-se agora uma interpretação assente nos princípios do envelhecimento, em alguns casos provocando uma redução da satisfação com a vida (devido a problemas de saúde, por exemplo), noutros uma diminuição sensível do bem-estar psicológico (sobretudo devido ao sentimento de solidão), noutros ainda um empobrecimento acentuado da capacidade para encontrar nas ocupações quotidianas um sentido para a vida. Assim sendo, pode então falar-se na existência de uma "lei do envelhecimento", inexorável, cujos efeitos arrastam os indivíduos para uma vida "sem graça", circunscrita a ver os dias passar até à hora da morte? É inegável que o envelhecimento é um período de perdas desenvolvimentais, mas também não deixa de ser verdade que pouca atenção tem sido dada à consideração de medidas preventivas no sentido do controlo e da redução dessas perdas, acentuando não propriamente os efeitos negativos da velhice mas as características da pessoa que envelhece e que é, até ao fim, uma "pessoa em desenvolvimento" (Fonseca, 2005).

Efectivamente, nada ocorre aos 65 anos (a "idade clássica" de marcação do início da velhice), nem biológica nem psicologicamente, para que se utilize essa idade como uma fronteira de diferenciação social, em que para trás o indivíduo é útil, válido e responsável, e daí para a frente vê-se rejeitado ou pelo menos marginalizado por uma sociedade produtiva, para a qual deixou de ter valor. Aliás, sucede frequentemente que foi por causa de uma dedicação exclusiva a essa mesma sociedade (através do trabalho), que no momento da passagem à reforma muitos indivíduos são literalmente apanhados sem saberem fazer mais nada, sem qualquer perspectiva extra-profissional de ocupação do tempo, com um casamento desgastado, mantendo ténues laços afectivos com a restante família, vendo-se subitamente desvalorizados, vazios, tentando agarrar-se a qualquer coisa que preencha e dê sentido ao quotidiano.

Neste contexto, que medidas preventivas podem ser adoptadas para controlar e reduzir o impacto negativo das perdas desenvolvimentais que venham a ocorrer, na sequência da passagem à reforma?

Por um lado, medidas de cariz *sociopolítico* e *contextual*:

- proporcionar aos indivíduos que se reformam novas formas de prolongar e enriquecer a actividade desenvolvida, bem como identificar novos domínios e contextos em que essa actividade possa ser desenvolvida,
- "chamar" as pessoas para a colectividade de que são membros (por exemplo, através de actividades de voluntariado), despertando um sentido de utilidade social,
- responsabilizar os indivíduos sob o ponto de vista social e comunitário; tal como não é um inútil, também não há razão para que alguém seja considerado um irresponsável só porque tem mais de 65 anos,
- evitar a criação de novas formas e categorias de excepção ou dependência por causa da idade ou daquilo que ela possa significar,

- estimular a criação e o aprofundamento de "unidades de parentesco" para além da família (amigos, vizinhos), que possam compensar a sua ausência, servir de suporte e limitar o risco da dependência,
- apoiar grupos e associações, formais e informais, criadas por iniciativa própria ou oferecidas pela comunidade,
- providenciar serviços de interesse público, assistencial (vimos como os serviços e recursos comunitários são imprescindíveis para o bem-estar das pessoas oriundas de classes mais baixas),
- promover a ligação entre tempos livres e educação/formação, usando os primeiros para concretizar a segunda.

Por outro lado, medidas de cariz *pessoal*:

- procurar que a transição da vida profissional para a reforma não se faça "do 80 para o 8", evitando a instalação abrupta e inesperada de um vazio incómodo ou frustrante,
- fazer uma gestão pessoal da passagem à reforma, tornando-a tão flexível quanto possível e cultivando novos projectos de vida pós-actividade profissional antes dessa passagem,
- evitar a sujeição ao que o relógio social determina no momento da escolha de actividades e da formulação de projectos "para a reforma",
- não cair na "armadilha cronológica" dos 65 anos, idade que em si mesma não tem qualquer validade em predizer a condição humana,
- se o tempo de reforma constituir efectivamente "uma maçada", combatê-la através do envolvimento em novas formas de ocupação e de trabalho (remunerado ou não, subordinado ou não),
- investir em modalidades de participação social que correspondam às competências pessoais,
- evitar o isolamento e promover a ligação aos outros, dentro e fora da família, através da interacção, da comunicação, da relação intergeracional,
- estimular o treino cognitivo (através da aprendizagem, da arte, da cultura), praticar actividade física e cuidar da saúde (física e mental).

BIBLIOGRAFIA

ADAIR, S., MOWSESIAN, R. (1993). The meanings and motivations of learning during the retirement transition. *Educational Gerontology*, *19* (4), 317-330.

ALDWIN, C., LEVENSON, M. (2001). Stress, coping, and health at midlife: A developmental perspective. In M. E. Lachman (Ed.), *Handbook of midlife development*. New York: John Wiley.

ANDERSSON, L. (2002). *Health around retirement*. Poster apresentado no Valência Forum, Valência (Espanha), 1-4 de Abril de 2002.

ANTONOVSKY, A. (1998). The sense of coherence. An historical and future perspective. In H. McCubbin, E. Thompson, A. Thompson & J. Fromer (Eds.), *Stress, coping and health in families. Sense of coherence and resiliency*. London: Sage.

ANTUNES, M. (2001). *O voluntariado dos idosos na região de Lisboa*. Comunicação apresentada no Congresso do Ano Internacional dos Voluntários, Lisboa.

ARENDT, J. (2005). Income and "outcomes" for elderly: Do the poor have a poorer life? *Social Indicators Research*, *70* (3), 327-347.

ATCHLEY, R. (1976). *The sociology of retirement*. Cambridge: Schenkman.

ATCHLEY, R. (1992). What do social theories of aging offer counselors? *The Counseling Psychologist*, *20* (2), 336--340.

ATCHLEY, R. (1996). Retirement. In J. Birren (Ed.), *Encyclopedia of gerontology*, *Vol.2*. San Diego: Academic Press.

ATCHLEY, R. C. (2000). Retirement as a social role. In J. Gubrium & J. Holstein (Eds.), *Aging and everyday life*. Oxford: Blackwell Publishers.

BALTES, M., CARSTENSEN, L. (1996). The process of successful aging. *Ageing & Society*, *16*, 397-422.

BALTES, P., SMITH, J. (2003). New frontiers in the future of aging: From successful aging of the young old to the dilemmas of the fourth age. *Gerontology*, *49*, 123-135.

BALTES, P., STAUDINGER, U., LINDENBERGER, U., (1999). Lifespan psychology: Theory and application to intellectual functioning. *Annual Review of Psychology*, *50*, 471-507.

BARENYS, M. P. (1993). El envejecimento: Aproximaciones teóricas. *Revista de Treball Social*, *131*.

BARRETO, J. (1984). *Envelhecimento e saúde mental. Estudo de epidemiologia psiquiátrica*. Porto: Faculdade de Medicina da Universidade do Porto (Tese de doutoramento).

BIERMAN, A., FAZIO, E., MILKIE, M. (2006). A multifaceted approach to the mental health advantage of the married: Assessing how explanations vary by outcome measure and unmarried group. *Journal of Family Issues, 27* (4), 554-582.

Bossé, R. (1998). Retirement and retirement planning in old age. In I. Nordhus, G. VandenBos, S. Berg & P. Fromholt (Eds.), *Clinical geropsychology*. Washington: American Psychological Association.

Bossé, R., Aldwin, C., Levenson, M., Workman-Daniels, K. (1991). How stressful is retirement? Findings from the Normative Aging Study. *Journal of Gerontology: Psychological Sciences and Social Sciences, 46*, P9-P14.

Bovenberg, L., Van Soest, A., Zaidi, A. (Eds.) (2010). *Ageing, health and pensions in Europe*. Palgrave Macmillan.

Brandtstadter, J. (1999). The self in action and development. In J. Brandtstadter & R. Lerner (Eds.), *Action and self-development. Theory and research through the life span*. Thousand Oaks: Sage.

Brandtstadter, J., Baltes-Gotz, B. (1990). Personal control over development and quality of life perspectives in adulthood. In P. Baltes & M. Baltes (Eds.), *Successful aging: Perspectives from the behavioral sciences*. Cambridge: Cambridge University Press.

Brandtstadter, J., Rothermund, K. (2002). The life-course dynamics of goal pursuit and goal adjustment: A two-process framework. *Developmental Review, 22*, 117-150.

Brandtstadter, J., Wentura, D., Rothermund, K. (1999). Intentional self-development through adulthood and later life. Tenacious pursuit and flexible adjustment of goals. In J. Brandtstadter & R. Lerner (Eds.), *Action and self-development. Theory and research through the life span*. Thousand Oaks: Sage.

Brown, K. (2003). *Staying ahead of the curve 2003: The AARP working in retirement study*. Washington: AARP.

Burgess, E., Schmeeckle, M., Bengtson, V. (1998). Aging individuals and societal contexts. In I. Nordhus, G. VandenBos, S. Berg & P. Fromholt (Eds.), *Clinical geropsychology*. Washington: American Psychological Association.

Calasanti, T. (1996). Gender and life satisfaction in retirement: An assessment of the male model. *Journal of Gerontology: Psychological Sciences and Social Sciences, 51* (1), S18-S29.

Calvo, E., Haverstick, K., Sass, S. (2007). What makes retirees happier: A gradual or 'cold turkey' retirement? MPRA Paper nº 5607, posted on 07 November 2007 (Online em *http://mpra.ub.uni-muenchen.de/5607/*)

Cavanaugh, J. (1997). *Adult development and aging* (3rd ed.). Pacific Grove: Brooks/Cole.

Ceresia, F. (2006). *The retirement and early retirement behaviour in Italy: A system dynamics approach*. Proceedings of The 24th International Conference of the System Dynamics Society, July 23--27, 2006, Nijmegen, The Netherlands.

Cohen, S. (2004). Social relationship and health. *American Psychologist, 59* (8), 676-684.

Cohen, S., Wills, T. (1985). Stress, social support and the buffering hypothesis. *Psychological Bulletin, 98*, 310-357.

Courteney, B., Truluck, J. (1997). The meaning of life and older learners: Addressing the fundamental issue through critical thinking and teaching. *Educational Gerontology, 23*, 175-195.

Cross, S., Markus, H. (1991). Possible selves across the life span. *Human Development, 34*, 230-255.

CUMMING, E., HENRY, W. (1961). *Growing old*. New York : Basic Books.
D'ÉPINAY, C. (2003). *La retraite et après? Vieillesse entre science et conscience*. Université de Genève: Centre Interfacultaire de Gérontologie, Coll. Questions D'Âge, 2.
DAATLAND, S. (2003). From variables to lives: Inputs to a fresh agenda for psychological aging research in Norway. *European Psychologist, 8* (3), 200--207.
DAVIS, B. (1992). *Charting your course at midlife*. The Pennsylvania State University (Unpublished manuscript).
DE GRÂCE, G.-R., JOSHI, P., PELLETIER, R., BEAUPRÉ, C. (1994). Conséquences psychologiques de la retraite en fonction du sexe et du niveau occupationnel antérieur. *Canadian Journal on Aging, 13*, 149-168.
DEMO, D., ACOCK, A. (1996). Singlehood, marriage, and remarriage: The effects of family structure and family relationships on mothers' well-being. *Journal of Family Issues, 17* (3), 388-407.
DIENER, E. (2000). Subjective well-being: The science of happiness and a proposal for a national index. *American Psychologist, 55* (1), 34-43.
DIENER, E., SELIGMAN, M. (2004). Beyond money: Toward an economy of well-being. *Psychological Science in the Public Interest, 5* (1), 1-31.
EKERDT, D. (1987). Why the notion persists that retirement harms health. *The Gerontologist, 27*, 454-457.
EKERDT, D., DE VINEY, S. (1990). On defining persons as retired. *Journal of Aging Studies, 4*, 211-229.
EKERDT, D. J., DEVINEY, S., & KOSLOSKI, K. (1996). Profiling plans for retirement. *Journals of Gerontology: Psychological Sciences and Social Sciences, 51* (3), S140-S149.
EUROPEAN SOCIAL SURVEY IV (2008).

(Online em *http://www.europeansocialsurvey.org/*)
EVERARD, K., LACH, H., FISHER, E., BAUM, C. (2000). Relationship of activity and social supports to the functional health of older adults. *Journals of Gerontology: Psychological Sciences and Social Sciences, 55* (4), S208-S212.
FELNER, R., FARBER, S., PRIMAVERA, J. (1983). Transitions and stressful life events: A model for primary prevention. In R. Felner, S. Farber & J. Primavera (Eds.), *Preventive psychology*. New York: Pergamon Press.
FERNÁNDEZ-BALLESTEROS, R. (2009). Gerontología social. Una introducción. In R. Fernández-Ballesteros (Dir.), *Gerontología social*. Madrid: Pirámide.
FLOYD, F., HAYNES, S., DOLL, E., WINEMILLER, D., LEMSKY, C., BURGY, T., WERLE, M., HEILMAN, N. (1992). Assessing retirement satisfaction and perceptions of retirement experiences. *Psychology and Aging, 7* (4), 609-621.
FISKE, M., CHIRIBOGA, D. (1990). *Change and continuity in adult life*. San Francisco: Jossey-Bass.
FONSECA, A.M. (2004). *Uma abordagem psicológica da "passagem à reforma". Desenvolvimento, envelhecimento, transição e adaptação*. Porto: Instituto de Ciências Biomédicas Abel Salazar da Universidade do Porto (Tese de doutoramento).
FONSECA, A. M. (2005). *Desenvolvimento humano e envelhecimento*. Lisboa: Climepsi Editores.
FONSECA, A.M. (2006). "Transição-adaptação" à reforma em Portugal. *Psychologica, 42*, 45-70.
FONSECA, A.M. (2007). Determinants of successful retirement in a Portuguese population. *Reviews in Clinical Gerontology, 17*, 219-224.
FONSECA, A.M., PAÚL, C. (2002). "Adaptação e validação do "Inventário de

Satisfação com a Reforma" para a população portuguesa". *Psychologica*, 2002, *29*, 169-180.

FONSECA, A.M., PAÚL, C. (2003). Health and aging: Does retirement transition make any difference? *Reviews in Clinical Gerontology, 13*, 257-260.

FOUQUEREAU, E., LAPIERRE, S., FERNANDEZ, A., LAVOIE, C. (2002). L'expérience de transition à la retraite : Una comparaison France – Québec. *Revue Québécoise de Psychologie, 23*, 87-105.

FOUQUEREAU, E., FERNANDEZ, A., FONSECA, A.M., PAÚL, M.C., UOTINEN, V. (2005). Perceptions of and satisfaction with retirement: A comparison of six European Union countries. *Psychology and Aging, 20*, 3, 524-528.

FOUQUEREAU, E., FERNANDEZ, A., MULLET, E. (1999). The Retirement Satisfaction Inventory: Factor structure in a French sample. *European Journal of Psychological Assessment, 15* (1), 49-56.

FRIEDMANN, E., HAVIGHURST, R. (1954). *The meaning of work and retirement.* Chicago: University of Chicago Press.

GALL, T., EVANS, D., HOWARD, J. (1997). The retirement adjustment process: Changes in the well-being of male retirees across time. *Journals of Gerontology: Psychological Sciences and Social Sciences, 52* (3), 110-117.

GILFORD, R. (1984). Contrasts in marital satisfaction throughout old age. *Journal of Gerontology, 39*, 325-333.

GLOVER, R. (1998). Perspectives on aging: Issues affecting the later part of the life cycle. *Educational Gerontology, 24*, 325-331.

GONÇALVES, D., MARTIN, I., GUEDES, J., CABRAL-PINTO, F., FONSECA, A. M. (2006). Promoção da qualidade de vida dos idosos portugueses através da continuidade de tarefas produtivas. *Psicologia, Saúde e Doenças, 7* (1), 137-143.

GUILLEMARD, A.-M. (2002). De la retraite mort sociale à la retraite solidaire. La Retraite une Mort Sociale (1972) revisitée trente ans après. *Gérontologie et Societé, 102*, 53-66.

GWOZDZ, W., SOUSA-POZA, A. (2010). Explaining gender differences in housework time in Germany. *Journal of Consumer Policy, 33* (2), 183-200.

HAVIGHURST, R. (1963). Successful aging. In R. Williams, C. Tibbitts & W. Donahue (Eds.), *Processes of aging.* New York: Atherton.

HAVIGHURST, R. (1975). A social-psychological perspective on aging. In W. Sze (Ed.), *Human life cycle.* New York: Jason Aronson.

HOBSON, P., WELBOURNE, L. (1998). Adult development and transformative learning. *International Journal of Lifelong Education, 17* (2), 72-86.

HOFFMAN, L., PARIS, S., HALL, E. (1994). *Developmental psychology today* (6th ed.). New York: McGraw-Hill.

HOLAHAN, C., MOOS, R. (1987). Personal and contextual determinants of coping strategies. *Journal of Personality and Social Psychology, 52*, 946--955.

HOOKER, K. (1991). Change and stability in self during the transition to retirement: An intraindividual study using P-technique factor analysis. *International Journal of Behavioral Development, 14* (2), 209-233.

HOPSON, B. (1981). Response to the papers by Schlossberg, Bramer and Arego. *The Counseling Psychologist, 9* (2), 36-39.

HUTCHENS, R. (2007). *Phased retirement: Problems and prospects.* Issue in Brief 8. Chestnut Hill: Center for Retirement Research at Boston College.

INE (Instituto Nacional de Estatística) (2002). *O envelhecimento em Portugal: situação socio-demográfica e socio-econó-*

mica recente das pessoas idosas. Lisboa: INE/ DECP/Serviço de Estudos sobre a População.
JOHNSTON, T. (1990). Retirement: What happens to marriage. *Issues in Mental Health Nursing, 11* (4), 347-59.
JOUKAMAA, M., SAARIJARVI, S., SALOKANGAS, R. (1993). The TURVA Project: Retirement and adaptation in old age. *Zeitschrift fur Gerontologie, 26*, 170-175.
KEHL, S., FERNÁNDEZ, J. M. (2001). La construcción social de la vejez. *Cuadernos de Trabajo Social, 14*.
KUNEMUND, H. & KOLLAND, F. (2008). Work and Retirement. In J. Bond, S. Peace, F. Dittmann-Kohli & G. Westerhof (Eds.), *Ageing in society. European perspectives on gerontology*. London: Sage Publications.
LANG, F. (2001). Regulation of social relationships in later adulthood. *Journal of Gerontology: Psychological Sciences and Social Sciences, 56*, 321-326.
LAWTON, M.P. (1983). The varieties of wellbeing. *Experimental Aging Research, 9* (2), 65-72.
LAZARUS, R., DELONGIS, A. (1983). Psychological stress and coping in aging. *American Psychologist, 38*, 245-254.
LAZARUS, R., LAZARUS, B. (2006). *Coping with aging*. Oxford: Oxford University Press.
LEE, G., SHEHAN, C. (1989). Retirement and marital satisfaction. *Journal of Gerontology: Psychological Sciences Social Sciences, 44* (6), S226-S230.
LIMA, L., MARQUES, S. (2010). *Os estereótipos de envelhecimento nos países europeus: resultados do European Social Survey*. Actas do VII Simpósio Nacional de Investigação em Psicologia, Braga.
LOUREIRO, H. (2011). *Cuidar na "entrada na reforma". Uma intervenção conducente à promoção da saúde em indivíduos e famílias*. Aveiro: Universidade de Aveiro (Tese de doutoramento).

MCCRAE, R., COSTA, P. (1990). *Personality in adulthood*. New York: Guilford.
MELÉNDEZ, J. C., TOMÁS, J. M., OLIVER, A., NAVARRO, E. (2009). Psychological and physical dimensions explaining life satisfaction among elderly: A structural model examination. *Archives of Gerontology and Geriatrics, 43*, 291-295.
MIDANIK, L., SOGHIKIAN, K., RANSOM, L., TEKAWA, I. (1995). The effect of retirement on mental health and health behaviors: The Kaiser Permanent Retirement Study. *Journal of Gerontology: Psychological Sciences and Social Sciences, 50*, S59-S61.
MOEN, P., KIM, J., HOFMEISTER, H. (2001). Couples' work/retirement transitions, gender, and marital quality. *Social Psychology Quarterly, 64* (1), 55-71.
MOEN, P., WETHINGTON, E. (1999). Midlife development in a life course context. In S. Willis & J. Reid (Eds.), *Life in the middle*. S. Diego: Academic Press.
MOOS, R., SCHAEFER, J. (1986). Life transitions and crises. A conceptual overview. In R. Moos (Ed.), *Coping with life crises: An integrated approach*. New York: Plenum Press.
MORAGAS, R. M. (2001). *La jubilación – una oportunidad vital*. Barcelona: Herder.
MORAGAS, R. M. (2009). Preparation para la jubilación. In R. Fernández-Ballesteros (Ed.), *Gerontología social*. Madrid: Pirámide.
NEUGARTEN, B. (1975). Adult personality: Toward a psychology of the life cycle. In W. Sze (Ed.), *Human life cycle*. New York: Jason Aronson, Inc.
NEUGARTEN, B. (1977). Personality and aging. In J. Birren and K.W. Schaie (Eds), *Handbook of the psychology of aging*. New York: Academic Press.

Neugarten, B., Datan, N. (1974). The middle years. In S. Arieti (Ed.), *American book of psychiatry*, Vol.1 (2nd ed.). New York: Basic Books.

Novo, R. (2003). *Para além da eudaimonia. O bem-estar psicológico em mulheres na idade adulta avançada*. Lisboa: Fundação Calouste Gulbenkian.

Oerter, R. (1986). Developmental task through the life span: A new approach to an old concept. In P. Baltes, D. Featherman & R. Lerner (Eds), *Life-span development and behavior*, Vol. 7. S. Diego: Academic Press.

Palmore, E., Cleveland, P., Nowlin, J., Ramm, D., Siegler, I. (1985). Stress and adaptation in later life. *Journal of Gerontology, 34*, 841-851.

Papalia, D., Olds, S. (1992). *Human development* (5th ed.). New York: McGraw-Hill.

Paúl, C. (1992). Satisfação de vida em idosos. *Psychologica, 8*, 61-80.

Paúl, C. (1996). *Psicologia dos idosos. O envelhecimento em meios urbanos*. Braga: Sistemas Humanos e Organizacionais.

Paúl, C. (2001). *A construção de um modelo de envelhecimento humano: O grande desafio da saúde e das ciências sociais no século XXI*. Aula de Agregação (Manuscrito não publicado).

Paúl, C., Ribeiro, O. (2009). Predicting loneliness in old people living in the community. *Reviews in Clinical Gerontology, 19*, 53-60.

Payne, E., Robbins, S., Dougherty, L. (1991). Goal directedness and older-adult adjustment. *Journal of Counseling Psychology, 38* (3), 302-308.

Phillipson, C. (2003). *Transitions after 50 – Developing a new conceptual map*. Keele University: Centre for Social Gerontology (Unpublished manuscript).

Pinquart, M. (2003). Loneliness in married, widowed, divorced, and never-married older adults. *Journal of Social and Personal Relationships, 20* (1), 31-53.

Pinquart, M., Schindler, I. (2009). Change of leisure satisfaction in the transition to retirement: A latent-class analysis. *Leisure Sciences, 31* (4), 311-329.

Pinquart, M., Sorensen, S. (2000). Influences of socioeconomic status, social network, and competence on subjective well-being in later life. *Psychology and Aging, 15* (2), 187-224.

Prentis, R. (1992). *Passages of retirement. Personal histories of struggle and success*. New York: Greenwood Press.

Quick, H., Moen, P. (1998). Gender, employment, and retirement quality: A life course approach to the differential experiences of men and women. *Journal of Occupational Health Psychology, 3* (1), 44-64.

Ramos, A. (2000). Centralidade do trabalho. In M. Villaverde Cabral, J. Vala & J. Freire (Org.), *Atitudes sociais dos portugueses*, Vol.1. Lisboa: Instituto de Ciências Sociais.

Ruth, J., Coleman, P. (1996). Personality and aging: Coping and management of the self in later life. In J. Birren & K.W. Schaie (Eds.), *Handbook of the psychology of aging* (4th ed.). S. Diego: Academic Press.

Reitzes, D. C., & Mutran, E. J. (2004). The transition into retirement: Stages and factors that influence retirement adjustment. *International Journal of Aging and Human Development, 59*, 63-84.

Richardson, V. (1993). *Retirement counseling*. New York: Springer.

Rodeheaver, D. & Datan, N. (1981). Making it: The dialectics of middle age. In R. Lerner & N. Busch-Rossnagel (Eds.). *Individuals as producers of their development: a life span perspective*. New York: Academic Press.

RUTTER, M. (1994). Continuities, transitions and turning points in development. In M. Rutter & D. Hay (Eds.), *Development through life. A handbook for clinicians*. Oxford: Blackwell Science.

RYFF, C. (1991). Possible selves in adulthood and old age: A tale of shifting horizons. *Psychology and Aging, 6*, 286--295.

SAVISHINSKY, J. (1995). The unbearable lightness of retirement. Ritual and support in a modern life passage. *Research on Aging, 17* (3), 243-259.

SCHLOSSBERG, N. (1981). A model for analyzing human adaptation to transition. *The Counseling Psychologist, 9* (2), 2-18.

SCHLOSSBERG, N. (2004). *Retire smart, retire happy: Finding your true path in life*. Washington: American Psychological Association.

SCHLOSSBERG, N., WATERS, E., GOODMAN, J. (1995). *Counseling adults in transition – Linking practice with theory*. New York: Springer.

SCHROOTS, J., FERNÁNDEZ-BALLESTEROS, R., RUDINGER, G. (1999). From EuGeron to EXCELSA. In J. Schroots, R. Fernández-Ballesteros & G. Rudinger (Eds.), *Aging in Europe*. Amsterdam: IOS Press.

SIEGRIST, J., KNESEBECK, O., POLLACK, C. (2004). Social productivity and well-being of older people: A sociological exploration. *Social Theory and Health, 2* (1), 1-17.

SIRVIN, I. N., GODEFROY, P. (2009). Le temps de la retraite est-il improductif? *Retraite et Société, 57*, 76-95.

SONNENBERG, D. (1997). The "new career" changes: Understanding and managing anxiety. *British Journal of Guidance and Counselling, 25* (4), 463--472.

STULL, D. (1988). A dyadic approach to predicting well-being in later life. *Research on Aging, 10*, 81-101.

SUBASI, F., HAYRAN, O. (2005). Evaluation of life satisfaction index of the elderly people living in nursing homes. *Archives of Gerontology and Geriatrics, 41*, 23-29

SZINOVACZ, M. (1992). Social activities and retirement adaptation: Gender and family variations. In M. Szinovacz, D. Ekerdt, & B. Vinick (Eds.) (1992). *Families and retirement*. Newbury Park: Sage.

SZINOVACZ, M. (2001). *Women's retirement: Policy implications of recent research*: Newbury Park: Sage.

SZINOVACZ, M., DAVEY, A. (2005). Predictors of perceptions of involuntary retirement. *The Gerontologist, 45*(1), 36-47.

SZINOVACZ, M., EKERDT, D., VINICK, B. (Eds.) (1992). *Families and retirement*. Newbury Park: Sage.

SZINOVACZ, M., WASHO, C. (1992). Gender differences in exposure to life events and adaptation to retirement. *Journal of Gerontology: Psychological Sciences and Social Sciences, 47* (4), S191--S196.

TAYLOR-CARTER, M., COOK, K. (1995). Adaptation to retirement: Role changes and psychological resources. *The Career Development Quarterly, 44*, 67--82.

VAN LANDEGHEM, B. (2009). The course of subjective well-being over the life cycle. *Journal of Applied Social Science Studies, 129* (2), 261-267.

VANDENBOS, G. (1998). Life-Span developmental perspectives on aging: An introductory overview. In I. Nordhus, G. VandenBos, S. Berg & P. Fromholt (Eds.), *Clinical geropsychology*. Washington: American Psychological Association.

VEENHOVEN, R. (2000). The four qualities of life: Ordering concepts and measures of the good life. *Journal of Happiness Studies, 1* (1), 1-39.

VINICK, B., EKERDT, D. (1991). Retirement: What happens to husband-wife relationships? *Journal of Geriatric Psychiatry, 24* (1), 23-40.

WATSON WYATT (2004). *Phased retirement aligning employer programs with worker preferences.* Washington: Watson Wyatt Worldwide.

YOUNG, J. (1989). Effects of retirement on aspects of self-perception. *Archives of Gerontology and Geriatrics, 9* (1), 67-76.

ÍNDICE

PREFÁCIO	7
INTRODUÇÃO	9

1.	A REFORMA: UM ACONTECIMENTO, DIVERSAS INTERPRETAÇÕES	15
1.1.	Reforma e envelhecimento: uma relação incerta	15
1.2.	Desligamento ou actividade? Crise ou continuidade?	21
2.	O SIGNIFICADO PSICOLÓGICO DA REFORMA	35
2.1.	Do trabalho à "hora da reforma"	35
2.2.	Um acontecimento stressante?	44
2.3.	"Vida de reformado" e personalidade	51
2.4.	A procura de satisfação e de bem-estar psicológico	57
3.	O PROCESSO DE TRANSIÇÃO-ADAPTAÇÃO À REFORMA	65
3.1.	"Vou reformar-me" – a transição	65
3.2.	"Estou reformado" – a adaptação	74
3.3.	Variáveis de ajustamento	77
4.	PADRÕES DE TRANSIÇÃO-ADAPTAÇÃO À REFORMA	93
4.1.	Diferenças na transição-adaptação à reforma	93
	4.1.1 Motivações para a reforma	94
	4.1.2 Satisfação com a vida	98
	4.1.3 Factores de bem-estar	103
4.2.	Delimitação e caracterização de padrões de transição-adaptação à reforma	107
5.	HÁ VIDA DEPOIS DA REFORMA?	117
BIBLIOGRAFIA		133